国家空间治理与行政区划研究丛书 | 孙斌栋主编

国家社科基金重大项目(23ZDA049)

中国经济空间集聚中的效率与平衡

丁嵩　孙斌栋　魏旭红　著

东南大学出版社
·南京·

内容提要

效率与公平是经济社会发展的永恒话题,本书以发展中的大国如何正确处理空间维度的效率与公平为关键议题,讨论如何实现空间效率与区域平衡双赢的目标。通过构建涵盖政府—企业—劳动力—地区层面的多维分析框架,本书主要分析了区域政策的取向、企业创业的区位选址、流动人口的迁移决策、地区层面的经济增长与劳动力流动以及不同等级城市的协调发展等问题,所要论证的核心观点是经济活动向特定少数地区(本书指市场潜能大的地方,即大市场)的集聚有利于发挥国家整体的空间效率,同时如果伴随着劳动力跨地区的自由流动,那么将最终实现在集聚中走向平衡。

本书主要面向对城市与区域经济、人文—经济地理、城市与区域管理等相关专业感兴趣的读者。

图书在版编目(CIP)数据

中国经济空间集聚中的效率与平衡 / 丁嵩,孙斌栋,魏旭红著. —南京:东南大学出版社,2024.8
(国家空间治理与行政区划研究丛书 / 孙斌栋主编)
ISBN 978-7-5766-1004-8

Ⅰ. ①中… Ⅱ. ①丁… ②孙… ③魏… Ⅲ. ①中国经济—研究 Ⅳ. ①F12

中国国家版本馆 CIP 数据核字(2023)第 230714 号

责任编辑:孙惠玉 李倩　　责任校对:韩小亮　　封面设计:孙斌栋 王玥　　责任印制:周荣虎

中国经济空间集聚中的效率与平衡
Zhongguo Jingji Kongjian Jiju zhong de Xiaolü yu Pingheng

著　　者	丁嵩　孙斌栋　魏旭红
出版发行	东南大学出版社
出 版 人	白云飞
社　　址	南京市四牌楼2号　邮编:210096
网　　址	http://www.seupress.com
经　　销	全国各地新华书店
排　　版	南京布克文化发展有限公司
印　　刷	南京凯德印刷有限公司
开　　本	787 mm×1092 mm　1/16
印　　张	9
字　　数	220 千
版　　次	2024 年 8 月第 1 版
印　　次	2024 年 8 月第 1 次印刷
书　　号	ISBN 978-7-5766-1004-8
定　　价	49.00 元

本社图书若有印装质量问题,请直接与营销部调换。电话(传真):025-83791830

总序

随着中国国家实力的不断增强,如何构建适合的国家治理体系已经被提到日程上来,党的十九届四中全会提出了加强国家治理体系和治理能力现代化的要求。空间治理是国家发展和治理的重要组成部分,这源于空间在国家发展中的基础性地位。空间是国民经济发展的平台,所有的社会经济活动都是在空间平台上开展的。空间更是塑造竞争力的来源,空间组织直接决定资源配置的效率,影响经济增长和就业等重大国民经济任务,决定一个国家和民族的发展后劲和竞争力,对于疆域辽阔的大国尤其如此。当前阶段中国正处于由经济大国迈向经济强国的关键时期,也正处于百年未有之大变局的关键时刻。突如其来的新型冠状病毒感染波及全球,全球经济体系面临严重危机,中国提出通过形成以国内大循环为主体、国内国际双循环相互促进的新发展格局来应对,客观上也迫切需要对应的生产力空间布局来支撑。城市群是中国新型城镇化的主要空间载体,中心城市是支撑中国国民经济持续发展的增长极,如何通过合理的空间组织和高效的空间治理来增强城市群和中心城市的综合承载力,发挥对国家发展的引领与带动作用,是当前面临的重要任务。

空间的复杂性决定了空间科学研究的滞后性,空间规律有大量的学术空白待填补,空间研究也因此被经济学主流学者认为是经济学最后的前沿。集聚与分散是最基本的空间维度,探索空间集聚与分散的规律是攻克空间前沿难题的必经之路。集聚不经济的存在使得城市与区域空间从单中心空间结构向多中心空间结构转型。集聚中有分散,分散中有集聚。集聚促进经济增长的重要作用得到了广泛的认可,但对于集聚的空间结构,包括其形成机制和作用,我们还知之甚少。哪种空间组织更有利于高质量的发展以及如何推动合理的空间结构的形成需要严谨、规范的科学研究来支撑。

除了市场规律之外,行政区划是影响中国空间组织的一个特殊且不可忽视的要素。行政区划是国家权力在空间的投影,也是国家治理体系建设的空间基础。中国改革开放以来的经济繁荣源于地方经济发展的积极性,但由此而形成的"行政区经济"也束缚了一体化和市场化,制约了效率的进一步提高。当前推进区域一体化和地区协同发展的瓶颈就在于此。党中央高度重视行政区划优化问题,《中共中央关于制定国民经济和社会发展第十四个五年规划和二〇三五年远景目标的建议》提出要"优化行政区划设置,发挥中心城市和城市群带动作用"。优化行政区划,助力于提升国家治理能力与加强治理体系的现代化建设,正成为理论界和政策界都关注的热点问题。

当代中国行政区划的研究起始于 20 世纪 90 年代。1989 年 12 月 5—7 日,由民政部主持、在江苏省昆山市召开的首届"中国行政区划学术研讨会暨中国行政区划研究会成立大会"是重要标志。1990 年 5 月,经民政部批准在华东师范大学成立中国行政区划研究中心。在中心创始主任刘君德先生的带领下,中国行政区划研究中心从理论创新到实践开拓、从人才培养到学科建设,硕果累累，为推进中国行政区划事业改革做出了积极贡献。在理论研究方面，中国行政区划研究中心原创性地提出了"行政区经济理论""行政区—社区"思想等理论体系。在服务地方方面，中国行政区划研究中心主持了江苏、上海、海南、广东等地的几十项行政区划研究课题，做到了将研究成果应用到祖国大地上。在人才培养方面，中国行政区划研究中心培养的很多青年人才已经成长为行政区划研究领域的知名学者或政府领导。进入 21 世纪以来，中国行政区划研究中心的年轻一代学者不负众望，也正在取得骄人的成绩。中国行政区划研究中心相继承担了国家社会科学基金重大项目、国家自然科学基金项目、民政部关于中心城市内部行政区划调整和省会城市行政区划设置研究等科研攻关任务，以及大连市、伊春市等地方行政区划规划课题；研究成果获得了高等学校科学研究优秀成果奖、上海市决策咨询研究成果奖、上海市哲学社会科学优秀成果奖等一系列荣誉，并得到了中央和地方领导的批示和肯定；举办了一年一度的国家空间治理与行政区划全国性学术研讨会，开启了对地方政府行政区划管理人员的培训。中国行政区划研究中心作为中国"政区地理学"的主要科研阵地之一，得到了国内外同行的广泛认可。

作为国家空间治理的重要智库，中国行政区划研究中心有责任有使命做好新形势下空间治理和行政区划研究工作，在大变局中有更大作为。其中，理论研究是重中之重，是政策研究和智库工作的基础，是服务国家战略的立身之本。本丛书站在学术最前沿，贯穿空间组织和行政区划两条主线，以构建空间结构理论和发展、弘扬行政区经济理论为己任。在空间组织方面，从全国、区域、城市、社区不同空间尺度分析空间结构的格局和演化，从经济、社会、生态多个维度测度空间结构的绩效，从市场和政府不同机制角度探索空间组织规律；在行政区划方面，从地理学、政治学、经济学、公共管理学、历史学等多个视角透视行政区经济的本质，从行政区经济正反两个方面的效应综合评价行政区划的作用，立足经济建设、政治建设、文化建设、社会建设、生态文明建设"五位一体"来探讨行政区划的运行规律。本丛书不仅要打造空间组织科学和行政区划科学的学术精品，而且要从空间维度为国家治理提供学术支撑和政策参考。

是为序。

孙斌栋

华东师范大学中国行政区划研究中心主任

2021 年 7 月 31 日于上海

前言

大国发展始终面临着实现空间效率与区域平衡的双重目标。一方面,发挥空间效率意味着要尊重要素向大城市和都市圈集聚发展的客观规律,从而实现国家整体层面的空间效率最大化,这主要解决在哪里集聚更有效率的问题;另一方面,实现区域平衡则是为了确保发展成果的最大程度共享,这就需要努力缩小区域内部以及区域之间人均收入意义的不均等,其主要涉及如何缩小区域不平衡的问题。因此,问题的关键在于,厘清空间效率与区域平衡这两大目标究竟是并行不悖还是相互冲突,即经济集聚带来空间效率的同时必然导致区域的不平衡吗?抑或区域平衡目标的实现一定要以牺牲经济集聚的空间效率为代价吗?为了回答这一问题,本书以发展中的大国如何正确处理空间效率与区域平衡之间的关系为关键议题,讨论如何实现效率与平衡的双赢。

这一选题理论上突破了以往集聚经济研究中将效率与平衡视为相互冲突的学术观点,是对"以人为主"(people-based)与"以地为主"(place-based)区域政策孰优孰劣争论的有力回应,同时有助于进一步明确中国应该走什么样的城镇化道路、在哪里集聚以及大城市是否有利于小城市的经济增长等现实问题。本书构建了多维分析框架,从区域政策、创业活动、流动人口、全国层面、城市群案例五个方面进行阐述,最终得到的核心结论是经济活动向特定少数地区(市场潜能大的地方,即大市场)的集聚有利于发挥国家整体的空间效率,同时如果伴随着劳动力跨地区的自由流动,那么将最终实现在集聚中走向平衡。具体而言,本书从区域政策、创业活动、流动人口、全国层面、城市群案例五个维度对核心观点进行了论证。

第一,基于"空间中性"与"空间干预"的视角对区域政策进行综述,发现"以地为主"的干预政策在实施过程中无法兼顾公平与效率目标,进而从理论层面指出实施"以人为主"的空间中性政策对于当前中国的必要性。

第二,利用经济普查数据,发现就创业活动的区位选址而言,集中在大市场创业更有利于发挥大国的空间效率,遍地开花的布局模式违背了集聚经济规律,并进一步指出市场潜能对创业活动的影响具有地理衰减效应。

第三,利用流动人口动态监测数据,发现大市场显著提升流动人口收入的结论非常稳健。低技能流动人口同样可以从经济集聚中获益,且居住时间越长的流动人口从大市场中获得的收入优势越大。这表明当前在大市场就业依旧存在收入优势,政府应该尊重流动人口前往大城市集聚发展的客观规律。

第四,通过考察市场潜能、劳动力流动与地区经济增长之间的关系,发现劳动力流动产生的"一正一负"效应既起到了促进本地经济增长的目的,又可以缩小地区之间由于市场潜能差异而导致的经济增长差距,即劳动力流动有利于实现空间效率与区域平衡的双赢。

第五,基于长三角城市群的案例,论证了不同等级城市之间的协调发展模式与类型，发现在长三角地区临近大城市有助于促进小城市的经济增长，就空间相互作用的方向而言，更多体现为高等级城市对低等级城市的影响，并未发现同层级小城市之间显著的空间关联效应。

本书最后指出，应该放弃追求经济总量意义的区域平衡目标，当前兼顾空间效率与区域平衡宜选择"以人为主、以地为辅"的区域政策组合，其中构建更加包容的特大城市人口政策以及强化都市圈和城市群的抓手功能尤为关键。

本书的研究与出版得到了国家社会科学基金重大项目（23ZDA049）以及华东师范大学中国行政区划研究中心的专项资助。感谢上海交通大学陆铭教授、广西大学李红教授等众多学者及团队成员的帮助与鼓励，他们为本书的顺利出版贡献了极大的智慧。当然，囿于笔者的学识水平，本书难免存在疏漏，敬请读者批评指正。

目录

总序
前言

1 绪论 ·· 001
  1.1 问题提出 ·· 001
  1.2 研究框架 ·· 008
  1.3 研究创新点 ··· 012

2 文献综述：兼顾效率与平衡的区域政策选择 ············· 014
  2.1 空间中性与空间干预政策 ·· 015
    2.1.1 空间中性政策主要观点 ································· 015
    2.1.2 空间干预政策主要观点 ································· 017
    2.1.3 空间中性与空间干预政策的争论 ·················· 019
  2.2 空间均衡模型 ··· 020
    2.2.1 空间均衡模型的理论阐述 ···························· 020
    2.2.2 空间均衡模型的政策含义 ···························· 021
    2.2.3 空间均衡模型是否成立 ································ 022
  2.3 相关实证研究 ··· 023
  2.4 本章结论与政策启示 ··· 027

3 市场潜能、地理衰减与创业活动 ································ 029
  3.1 引言 ··· 029
  3.2 相关研究与文献 ··· 030
  3.3 实证分析结果 ··· 033
    3.3.1 理论模型 ·· 033
    3.3.2 模型设定、数据与变量说明 ························· 035
    3.3.3 模型估计结果 ·· 040
  3.4 进一步实证：地理衰减效应 ·································· 051
    3.4.1 市场潜能对创业活动的地理衰减效应 ·········· 051
    3.4.2 地理衰减效应的进一步考察：企业异质性 ·· 054
  3.5 市场潜能、政府干预与创业活动 ··························· 056
  3.6 本章结论与政策启示 ··· 057

4 市场潜能与流动人口收入水平 ··································· 060
  4.1 引言 ··· 060
  4.2 相关研究与文献 ··· 061

  4.3 实证分析结果 063
    4.3.1 模型设定、数据与变量说明 063
    4.3.2 模型估计结果 066
  4.4 本章结论与政策启示 075

5 市场潜能、劳动力流动与经济增长 077
  5.1 引言 077
  5.2 相关研究与文献 078
  5.3 实证分析结果 080
    5.3.1 模型设定、数据与变量说明 080
    5.3.2 模型估计结果 082
  5.4 本章结论与政策启示 092

6 大城市对小城市的溢出效应：长三角的案例 094
  6.1 引言 094
  6.2 相关研究与文献 094
  6.3 实证分析结果 096
    6.3.1 模型设定、数据与变量说明 096
    6.3.2 模型估计结果 098
  6.4 本章结论与政策启示 106

7 政策建议与研究展望 109
  7.1 研究结论 109
    7.1.1 集中在大市场创业更有效率 110
    7.1.2 在大市场就业依旧存在收入优势 110
    7.1.3 在集聚中走向平衡 111
    7.1.4 大城市有利于小城市的经济增长 111
  7.2 政策启示 112
    7.2.1 实施"以人为主、以地为辅"的区域政策组合 112
    7.2.2 放弃经济总量意义的区域平衡目标 112
    7.2.3 特大城市需要包容的人口政策 112
    7.2.4 强化都市圈和城市群的抓手功能 113
  7.3 研究展望 113
    7.3.1 强化经济集聚的多维绩效研究 113
    7.3.2 系统评估基于地方的空间干预政策 114
    7.3.3 解决模型估计的动态化与自选择问题 115

参考文献 116
图片来源 134
表格来源 135

1 绪论

1.1 问题提出

经济活动在地理空间分布上是不均衡的,要素总是趋向于向大城市以及都市圈集聚(World Bank,2009)。就全球尺度来看,经济活动集中分布在北美、西欧、南亚的印度、东亚的中国和日本等地区。就中国国家内部尺度而言,京津冀、长三角、珠三角以及内陆地区的核心大城市(如重庆、西安等)是经济活动的热点区。区域内部往往也存在发展差异,如广东内部的珠三角与东西两翼以及北部山区之间的发展不平衡等。就经济活动的空间格局演化而言,要素集聚发展的空间格局并未随时间变化而逆转,相反在某些地区存在进一步增强的趋势。这就表明,经济集聚具有稳定性,在短时间内很难发生变化。

以上经验表明,经济集聚发展是普遍规律,且具有一定的稳定性。那么,对于中国而言,这一规律是否适用?答案是肯定的。具体表现为,在港口等第一性以及规模经济等第二性因素的循环累积作用下,中国的经济活动在沿海地区不断集聚,形成了如京津冀、长三角、珠三角等城市群,对经济总量和增长速度做出了巨大贡献,并创造了举世瞩目的"增长奇迹"。具体而言,2006—2016 年中国国内生产总值(Gross Domestic Product,GDP)的平均增速达到 9.3%(图 1-1),特别是在 2010 年,中国已经成为世界第二大经济体。然而,经济活动在集聚过程中也产生了一些问题。

1) 人口的集聚程度小于经济规模的集聚程度,是产生区域不平衡的重要原因

《国家人口发展规划(2016—2030 年)》明确指出,今后 15 年中国人口变化的趋势包含"人口流动仍然活跃,人口集聚进一步增强"等特征,但总体而言,相对经济规模的集聚水平,人口集聚仍显不足。图 1-2 以全球范围内的 134 个国家和地区为例,拟合了 2015 年人均国民收入与国家城镇化率之间的关系。可以发现,两者呈现高度正相关关系,人均国民收入较高的国家往往伴随着较高的城镇化率。但是,中国(图 1-2 中深色圆点)却处于拟合线的下方,这就表明中国的城镇化率要低于其他相同发展水平国家。亨德森(Henderson,2010)基于类似的方法也发现了这一现象。

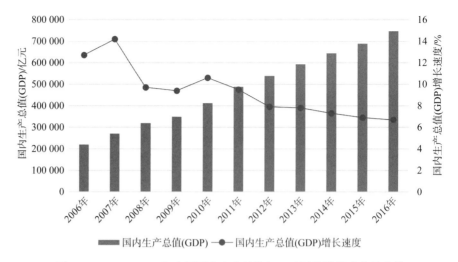

图 1-1　2006—2016 年中国国内生产总值(GDP)及其增长速度的变化

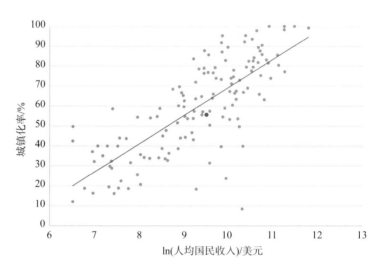

图 1-2　2015 年世界各国城镇化率与人均国民收入的散点图

采用度量经济集聚的指标也可得出类似"人口空间集聚不足"的结论。基于 2010 年第六次全国人口普查主要数据,中国县市尺度(包含县域和市辖区)经济规模[用国内生产总值(GDP)度量]的赫芬达尔—赫希曼指数(Herfindahl-Hirschman Index,HHI)为 0.005 8,远远大于常住人口的 0.001 7 和城镇人口的 0.004 2。

人口空间集聚不足,一方面导致了区域发展的不平衡。如果人口的集聚与经济规模的集聚相匹配,即分子分母同时变大,那么可以降低区域之间人均意义的不平衡。因此,应进一步鼓励人口的流动,特别是流向以大城市和区域核心城市为代表的经济集聚地。事实上,相比欧洲,高度的劳动力流动是美国区域差距相对较小的重要原因。虽然欧洲经济一体化程度较高,但文化、语言等无形障碍阻碍了劳动力的自由流动(Martin,

2001)。另一方面的后果是,中国的城市体系偏离了帕累托最优,无法发挥国家整体层面的空间效率。城市规模分布呈现出"大城市集聚相对不足,中小城市数量过多"的扁平化特征,或称之为"过度分散、城市规模差距过小"(Fujita et al.,2004;Henderson,2007;陆铭等,2011;范剑勇等,2011;Bosker et al.,2012;谢小平等,2012;梁琦等,2013)。

2) 出于对人口过度集聚引发城市病的担忧,特大城市实行了严格控制城市人口规模的政策

当前,学术界和政策层面关于中国需要加快推进城镇化进程已经达成共识,标志性事件是《国家新型城镇化规划(2014—2020年)》的颁布,但具体采取什么样的城镇化发展道路,即应该向大城市集聚还是中小城市集聚却一直存在争论(肖金成,2009;范红忠,2010;王小鲁,2010;陆铭等,2011;万广华等,2012;赵伟,2013;陈钊等,2014;魏后凯,2014;魏守华等,2015;余壮雄等,2015;李铁等,2017)。

经济集聚所带来的生产率提高、技术进步等效应不易于被微观个体所识别,而诸如交通拥堵、环境污染、房价居高不下等集聚不经济现象则更为直观。例如,北京等地区频现的雾霾天气更是强化了这一印象。这一系列事件带来的结果就是,特大城市将一系列城市病问题归结为人口的过度集聚,因此纷纷采取了控制城市人口规模的政策。例如,《上海市城市总体规划(2016—2040年)》中明确规定,至2020年常住人口将被控制在2 500万人以内。而北京也把人口的疏解作为推进非核心功能疏解战略的重中之重。表1-1回顾了《北京城市总体规划(2016—2035年)》《上海市城市总体规划(2017—2035年)》中关于北京、上海常住人口的调控目标,可以发现由于集聚经济效应的存在,两个城市在规划中期纷纷突破了人口调控的目标。例如,《北京城市总体规划(2004—2020年)》中提出,到2020年,北京人口规模为1 800万人,然而在2010年,北京市常住人口已达1 961万人。《上海市城市总体规划(1999—2020年)》中提出,到2020年,上海常住人口规模为1 800万人左右,而在2010年上海市常住人口已达2 300万人。因此,实现北京、上海"十三五"规划中提出的人口规模调控目标存在很大的不确定性。

表1-1 以北京、上海为代表的特大城市人口调控目标

类别		北京	上海
《北京城市总体规划(2004—2020年)》《上海市城市总体规划(1999—2020年)》	常住人口发展目标	1 800万人(2020年)	1 800万人左右(2020年)
	实施情况	规划中期已突破目标,即1 961万人(2010年)	规划中期已突破目标,即2 300万人(2010年)
"十三五"规划引导	常住人口发展目标	控制在2 300万人以内(到2020年)	常住人口不超过2 500万人(近期到2020年,远期也以此为调控目标)

控制城市人口规模的一个重要措施是,实行更严格的户籍制度,提高外来人口落户的门槛。其中,特大城市往往实行了双重标准:对以高学历为代表的高端人才持欢迎态度,给予各项优惠政策予以引进;而对低学历人口采取排斥态度,设置重重门槛拒绝其流入。这增加了以低技能为主体的流动人口的迁移成本,阻碍了劳动力流向可以获得更高生产率以及更高收入水平的城市,不利于要素市场的一体化发展,同时导致了地区之间以及城乡之间收入差距的进一步扩大。此外,基于中国数据的研究还发现,由于不同技能劳动者之间存在的互补性与外部性效应,限制外来人口的流入将有损本地的经济效率(Combes et al.,2015a;梁文泉等,2015)。

3)为了实现缩小区域差距的目标,各级政府实施了一系列平衡地区间经济活动的政策

偏向内陆地区的一揽子优惠政策组合就是平衡地区间经济活动政策的典型代表,主要包含:促进开发区在地区之间的平衡、给予中西部地区更多的建设用地指标使用权、批复内陆地区大量的新区新城规划、加大对基础设施建设等领域的固定资产投资等。这类考虑到特定地方发展背景所采取的政策被称为"空间干预(spatially-targeted)政策"(World Bank,2009)或"基于地方(placed-based)的政策"(Neumark et al.,2015;Partridge et al.,2015)。

以产业园区政策为例,该政策导致的结果是各种类型的产业园区在中西部地区呈现遍地开花的格局。贵州省的案例可折射出中西部地区的普遍现状。贵州全省共有111个工业园,每个县都有1个以上的工业园区,当地政府还专门颁布了《100个产业园区成长工程推进计划》,明确规定打造由"外向型、高铁/高速公路沿线、民营经济、产业小区"构成的多类型的产业园区体系(表1-2),并从"加强组织领导、创新招商引资、搞好要素保障、建立激励机制"等方面给予保障。小尺度的县域同样存在这一现象,这里选取中部地区一个欠发达的县域作为案例。为了完成招商引资的目标,当地政府在县城郊区、沿国道两侧规划布局了近20 km^{2}的产业集聚区,但真正入驻的企业却寥寥数家,且以高污染、高能耗的企业为主。此外,行政主导的"新区新城热"也屡见不鲜,中西部地区尤为典型。基于国家发展和改革委员会城市和小城镇改革发展中心的调查发现,截至2016年5月,全国县及县以上的新城新区数量有3 500多个,规划人口达35亿人。

表1-2 贵州省的产业园区体系

序号	产业园区类型	具体内容
1	外向型产业园区	促进贵阳综合保税区、贵安新区综合保税区健康有序发展,切实做好综合保税区的服务工作,提高其他产业园区的外向度和出口成绩
2	高铁/高速公路沿线产业园区	使沿线园区连点成线、并线成片,在产业配套的基础上实现货物、资金、人才、信息的聚合效应,打造产业承接带和通道经济

续表 1-2

序号	产业园区类型	具体内容
3	民营经济园区	开展"民营企业服务年"专项行动,促进民营企业进园区、进标准厂房
4	产业小区(工业小区)	指导紫云、关岭、赫章、江口、剑河、三都、册亨、望谟等国家扶贫开发工作重点县,围绕当地特色资源条件发展农产品加工、食品、轻工等产业集聚区,发展一县一品、一乡一特、一村一业

就短期效应而言,这类考虑到特定地方发展背景的空间干预政策可能达到了促进内陆地区经济增长的预期目的,但长期却存在损失总体空间效率、零和游戏、导致资源配置效率扭曲等潜在风险,从而对区域经济的可持续发展构成威胁(Kline et al.,2014b;陆铭等,2014c;Neumark et al.,2015;丁嵩等,2015;吴意云等,2015)。

中国的集聚程度是否过高?特大城市应不应该实行控制城市人口规模的政策?分散化的区域政策能否实现缩小区域不平衡的目标?这些问题本质上可以归纳为一个命题,即如何正确处理空间效率与区域平衡之间的关系。事实上,空间效率主要解决的是在哪里发展更有效率的问题,区域平衡则主要涉及如何实现最大程度的包容性发展。因此,问题的关键在于,在经济集聚过程中如何兼顾效率与平衡?一方面,经济活动在哪里集聚能够带来更高的效率?另一方面,在经济集聚过程中如何尽量缩小区域人均意义的不平衡?回答这一问题,首先需要厘清空间效率和区域平衡的相关概念。

本书所指的效率更多反映的是国家整体层面的空间效率,这关乎一个国家在哪里可以更好地满足微观经济主体的最优化决策。其中,鉴于企业和劳动力是两个最基本的微观经济主体构成单元,因此,该最优化决策又可以进一步概括为,追求利润最大化的企业的最优区位决策以及追求效用最大化的劳动力的最优区位决策。

就区域平衡的概念而言,大致可以划分为两种类型:经济总量意义的地区间均等以及人均意义的地区间大致平衡。本书认为,努力缩小人均意义上的区域不平衡才是实施区域政策的根本目标。从世界各国的发展历程可以得出,地区间经济规模的差距是客观存在的,追求总量意义的均衡是不可能实现的,也是毫无意义的。以美国为例,"美国 2050"空间战略规划界定了全美 11 个成长的巨型城市区域(emerging megaregions)(图 1-3),分别是东北(Northeast)地区、南佛罗里达(South Florida)地区、皮埃蒙特大西洋城市带(Piedmont Atlantic Megaregion)、五大湖区城市群(the Great Lakes Region)、墨西哥湾区(Gulf Coast)城市群、得克萨斯三角(Texas Triangle)地带、亚利桑那阳光走廊(Arizona Sun Corridor)地区、前沿地带都会区走廊(Rocky Mountains Front Range Urban Corridor)、南加州(Southern California)、北加州(Northern California)、卡斯卡底

(Cascadia)地区。这 11 个巨型城市区域虽然仅占据全美 26%的国土面积,但是拥有全美 74%的人口。图 1-4 对比了 2015 年美国排名前 10 名与后 10 名都市区的地区生产总值和人口规模,进一步表明了美国经济活动的不均衡分布。其中,2015 年最大都市区[纽约—纽瓦克—泽西市(New York-Newark-Jersey City,NY-NJ-PA)]的地区生产总值为 1 603 亿美元,占美国 383 个都市区地区生产总值总量的 9.89%,人口规模为 2 018 万人,占美国都市区人口规模总量的 7.33%,地区生产总值、人口规模分别是最小都市区锡布灵(Sebring,FL)的 817 倍、203 倍。另外,通过促进要素(特别是劳动力)的自由流动,则可以实现人均收入乃至生活质量意义上的地区间的平衡。因此,本书的区域平衡特指地区间人均收入的大致相等。

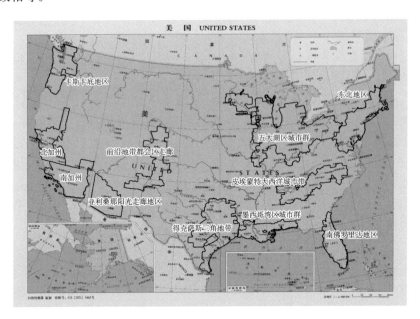

图 1-3　美国 11 个巨型城市区域

就相关的文献而言,自马歇尔 1890 年提出经济集聚有利于发挥劳动力市场池、促进上下游产业关联、增强知识溢出等效应以来,经藤田(Fujita et al.,1999,2013)、库姆斯(Combes et al.,2008b)、布雷克曼(Brakman et al.,2009b)为代表的新经济地理学的发展,以及杜兰顿等(Duranton et al.,2004)将集聚经济进一步归纳为"共享""匹配""学习"三大机制,大量研究论证了不同空间尺度集聚经济效应的存在(Ciccone et al.,1996; Rosenthal et al.,2004;Au et al.,2006;范剑勇,2006;陈良文等,2008; Brakman et al.,2009a;Melo et al.,2009;刘修岩,2009;Combes et al., 2010,2011;Henderson,2010;Glaeser,2010;陈建军等,2011;范剑勇, 2013;Fingleton et al.,2013;陆铭,2013,2016;杨仁发,2013;Breinlich et al.,2014;Duranton et al.,2014;高虹,2014a;贺灿飞等,2014;柯善咨等,

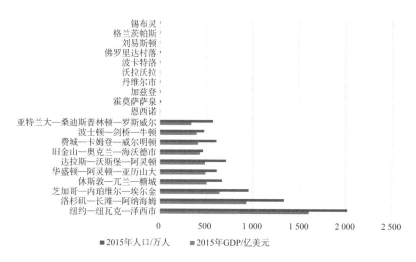

图 1-4　2015 年美国都市区的 GDP 与人口规模（前 10 名与后 10 名）

2014；Duranton，2015；梁婧等，2015；Pablo Chauvin et al.，2017；陈强远等，2016；吴晓怡等，2016；Glaeser et al.，2017）。在新近出版的《城市与区域经济学手册（第五卷）》中，库姆斯（Combes et al.，2015b）梳理了有关集聚经济最新的经验证据。其中，一个基本的结论是，由于集聚经济效应的存在，规模越大、密度越高、邻近大市场的城市往往伴随着更高的劳动生产率、更高的工资水平、更多的就业机会、更高的创新水平。

然而，梳理文献可以发现，以往的经验研究单纯强调了经济集聚所带来的诸多效应以及作用机制，往往孤立地看待经济集聚对空间效率以及区域平衡的影响，大部分研究认为经济集聚对这两者的效应是彼此冲突的，缺乏在统一的框架内探讨经济集聚、空间效率、区域平衡之间的内在逻辑关系，据此得出的政策启示也不能科学地回应政府的关切所在，即如何实现国家整体层面上空间效率与区域平衡的双赢？具体而言，即到底应该鼓励要素集聚还是采取相对分散化的偏向型政策？虽然，一些研究从理论层面揭示了要素向少数地区的持续集聚最终将带来人均生活质量意义的空间均衡（陈钊等，2009；Glaeser et al.，2009a；World Bank，2009；朱希伟等，2011；陆铭等，2014c），但却缺乏相对直接的经验证据支撑。此外，宏观地区层面的集聚经济效率往往度量的是加总之后的平均效应，而空间效率实现的关键在于满足微观经济主体的最优化决策，因此研究经济集聚是否可以提高微观经济主体（企业与劳动力）的福利效应，成为理解空间效率与区域平衡的重要维度，以往研究对此不够重视。再者，关于经济集聚的测度指标，以往研究要么过于强调城市经济学认为的规模或密度的重要性，从而忽视了地区之间的溢出效应；要么仅考虑了新经济地理学的市场潜能概念，认为地区之间需求和成本的相互关联更有利于集聚，对地区内部的集聚则重视不足。本书认为，这两大理论体系并不矛盾，地区内部和地区之间的相互作用同等重要，同时考虑才能更加真实地反映经济集聚效应，进而得到更加准确的估计系数。

基于以上论述,本书以发展中的大国如何正确处理空间效率与区域平衡之间的关系为关键议题,讨论如何实现效率与平衡的双赢。本书的核心观点是,经济活动向特定少数地区的集聚(市场潜能大的地方,即大市场)有利于发挥国家整体的空间效率,同时如果伴随着劳动力跨地区的自由流动,那么将最终实现在集聚中走向平衡。为了论证这一观点,本书构建了涵盖政府—企业—劳动力—地区层面的多维分析框架。首先从梳理区域政策入手,将旨在降低区域不平衡的政策概括为"空间中性(spatially-neutral)或以人为主(people-based)"以及"空间干预(spatially-targeted)或以地为主(place-based)"两种范式;其次利用微观证据,分别探讨了两大微观经济主体的最优化区位选择,即企业创业的区位选址与流动人口的迁移决策,重点解决在哪里集聚更有效率这一问题;再次基于地区层面的经验研究,论证了兼顾空间效率与区域平衡的政策选择;最后采用长三角的案例研究,论证了大城市对小城市的空间溢出效应。具体包含以下的研究问题:

第一,兼顾效率与平衡的区域政策选择,回答政府如何权衡"空间中性"与"空间干预"两种区域政策。

第二,企业创业的区位选址,回答在哪里创业更有效率。

第三,流动人口的迁移决策,回答在哪里就业收入更高。

第四,地区层面,回答如何实现空间效率与区域平衡的双赢。

第五,案例研究,回答邻近大城市对于小城市到底是"福"还是"祸"。

以空间效率与区域平衡之间的关系作为选题,讨论在经济集聚中如何兼顾效率与平衡,理论上突破了以往集聚经济研究中将效率与平衡视为相互冲突的学术观点,扩展了经济集聚对微观经济主体的福利效应这一研究主题,同时也是对"以人为主"与"以地为主"区域政策孰优孰劣争论的有力回应。就现实意义而言,对于正处于新常态阶段的中国经济,本书的研究发现有助于回应国家层面应该实行什么样的城镇化发展道路、在哪里集聚以及如何促进大中小城市之间的协调发展的问题,对城市与区域经济发展政策的制定具有重要的借鉴意义(例如,实施"大众创业"战略是意味着采取遍地开花还是相对集中的布局模式? 就收入而言,"逃离北上广"现象是否真的存在? 劳动力的跨地区流动能否缩小区域的不平衡? 大城市有利于小城市的经济增长吗?),同时也是对中央城市工作会议提出的"尊重城市发展规律"的具体实践。

1.2 研究框架

本书在第 2 章指出,为了实现缩小区域不平衡的目标,根据是否考虑特定地方的发展背景,可以将区域政策划分为"空间中性"与"空间干预"两种类型,并重点讨论了基于地方干预政策的局限性,即无法兼顾效率与平衡,从而为下文论证以促进要素集聚发展为核心的"空间中性"政策奠定了理论基础。接下来,将在经济集聚中如何兼顾效率与平衡分解为两个方面:一方面,探讨空间效率,重点解决在哪里集聚更有效率这一问题;另一方面,论证在实现空间效率的同时如何缩小区域发展的不平衡。具体而言,第3—4章以微观经济主体的最优化决策入手,解决在哪里集聚更有效率这一问题。利用全国经济普查数据、中国综合社会调查(Chinese General Social Survey, CGSS)数据以及流动人口动态监测数据,分别以企业创业的区位选址、流动人口的迁移决策为案例,论证了大市场地区(市场潜能大的地区)不仅孕育了更多的创业活动,而且给流动人口带来了更高的收入报酬,这就为支持以促进要素集聚发展为目标的"以人为主"政策提供了效率维度的经验证据。第5章综合利用城市统计年鉴、区域经济统计年鉴以及全国人口普查数据,进一步指出由于集聚经济效应的存在,大市场地区的经济增长速度越快,同时劳动力流动产生的"一正一负"效应既促进了本地的经济增长,又缩小了地区间由于市场潜能差异所导致的地区经济增长差距,进而得出了本章的核心结论:经济活动向特定少数地区的集聚有利于发挥国家整体的空间效率,同时如果伴随着劳动力跨地区的自由流动,那么将最终实现在集聚中走向平衡。第6章基于长三角城市群的案例,论证了不同等级城市之间的协调发展模式与类型,发现在长三角地区邻近大城市有助于促进小城市的经济增长,就空间相互作用的方向而言,更多体现为高等级城市对低等级城市的影响,并未发现同层级小城市之间显著的空间关联效应。

综上所述,通过构建涵盖政府—企业—劳动力—地区层面的多维分析框架,本书遵循如下的研究思路:

第一,梳理政府实施的区域政策,比较"空间中性"与"空间干预"区域政策孰优孰劣,能否实现兼顾效率与平衡的目标。

第二,空间效率的微观证据之一,以企业为切入点,利用全国经济普查数据(2004年、2008年)和中国综合社会调查(CGSS)数据(2010年),论证企业创业的区位选址,回答在哪里创业更有效率。

第三,空间效率的微观证据之二,以流动人口为切入点,利用流动人口动态监测数据(2014年),论证流动人口的迁移决策,回答在哪里就业收入更高。

第四,地区层面的经验证据,利用城市统计年鉴、区域经济统计年鉴与全国人口普查数据(2000年、2010年),回答如何实现空间效率与区域平衡的双赢。

第五,地区层面的案例研究,基于长三角城市群,论证邻近大城市对于小城市究竟是"福"还是"祸"。

全书具体的框架结构安排如图1-5所示。

第1章,绪论。本章首先从中国经济集聚过程中的三个现实问题出发,指出了在经济集聚中兼顾效率与平衡作为选题的理论意义和现实意

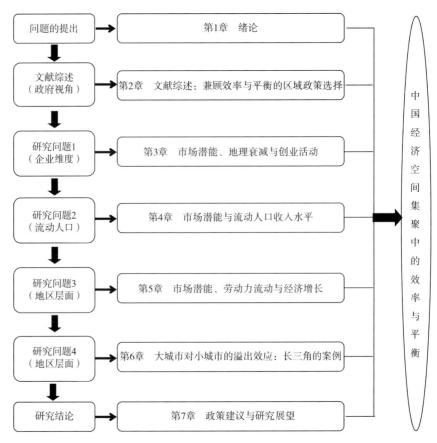

图 1-5 本书的框架结构

义。第 1.2 节给出了本书的研究思路与章节安排，第 1.3 节则从研究视角、研究内容、研究的指标选取、政策含义等方面探讨了本书可能的创新点。

第 2 章，文献综述：兼顾效率与平衡的区域政策选择。本章首先根据是否考虑特定地方的发展背景，将区域政策划分为"空间中性"与"空间干预"两种类型；其次以世界银行与欧盟的相关报告为基础，分别阐述了"空间中性"与"空间干预"政策的主要观点；之后对两者之间的争论予以梳理，并对争论的实质即空间均衡模型是否成立给予理论阐释；接着归纳总结了相关领域的实证研究；最后基于中国当前发展背景，提出了兼顾效率与平衡的区域政策选择——"空间中性"政策或称之为"以人为主"的政策。

第 3 章，市场潜能、地理衰减与创业活动，主要回答在哪里创业更有效率。本章主要论证集中在大市场创业更有效率。利用全国经济普查数据和中国综合社会调查（CGSS）数据，重点讨论了地区市场潜能对创业活动空间差异以及不同类型（制造业与服务业、大企业与小企业）创业活动的影响，并通过改变市场潜能与创业活动的测度形式，以及考虑到市场潜能的内生性等，检验了基准模型估计结果的稳健性；之后通过引入分圈层

(400 km 等距离圈层)估计的方法,论证了创业活动有效的市场需求边界;最后加入市场潜能与政府干预(用财政支出占国内生产总值的比重作为代理变量)的交互项,分析了市场潜能、政府干预与创业活动之间的关系。

第 4 章,市场潜能与流动人口收入水平,主要回答在哪里就业收入更高。本章主要论证在大市场就业仍旧存在收入优势。不同于以往大量基于本地户籍人口的研究,本章将研究对象限定为更加符合市场化假定(即以获得更高收入为主要迁移目的且流动性更高)的流动人口,利用 2014 年流动人口动态监测数据,论证在控制了个人特征、迁移成本、城市规模和密度、生活成本、城市层级等影响因素之后,流动人口是否能从大市场中获得更高的收入水平;并通过梳理相关文献,定性比较了市场潜能弹性系数在本地户籍人口与流动人口之间的差异;最后进一步考察了不同技能水平与居住时长的流动人口的异质性效应。

第 5 章,市场潜能、劳动力流动与经济增长,主要回答能否兼顾效率与平衡。本章主要论证劳动力流动既有利于发挥规模经济效应又促进了地区间经济增长的趋同,即实现了空间效率与区域平衡的双赢。通过构建将市场潜能作为关键解释变量的中国 2 210 个县市 2000—2010 年的经济增长模型,首先,从空间效率的维度揭示了市场潜能对地区间经济增长差距的影响;其次,通过加入市场潜能与劳动力流动(用各地区迁入人口占常住人口的比重作为代理变量)的交互项,论证了劳动力流动所产生的"一正一负"效应,即对本地经济增长的影响以及交互项估计系数符号的影响;最后,分别从跨省迁移与省内迁移、人口流入地和流出地两个层面探讨了这一效应的异质性,并初步分析了不同估计结果可能产生的原因。

第 6 章,大城市对小城市的溢出效应:长三角的案例,主要回答大城市是否有利于小城市的经济增长。为了尝试回答在城市群尺度范围内,大城市对小城市以增长溢出为主还是以集聚阴影效应为主这一问题,本章选取我国发达地区长三角城市群的小城市(县城和县级市)为研究样本,采用小城市到不同等级城市的地理距离作为关键解释变量,研究不同等级城市对长三角小城市 2000—2010 年经济增长的影响,并对空间依赖性、增量距离、城市层级、市场潜能等进行稳健性检验,以期为厘清城市空间相互作用的类型和方向提供来自城市群尺度的案例支撑。

第 7 章,政策建议与研究展望。本章在系统总结前文各章研究结论的基础之上,最终得出空间效率与区域平衡两者可以并行不悖的研究结论。同时进一步指出,当前兼顾空间效率与区域平衡的政策选择是,鼓励经济集聚的同时保障劳动力跨地区的自由流动。此外,强调了人为采取平衡地区间经济活动空间分布的政策,既不利于发挥大国的空间效率,又有损于区域平衡目标的实现。之后,从实施"以人为主、以地为辅"的区域政策组合、放弃经济总量意义的区域平衡目标、特大城市需要包容的人口政策、强化都市圈和城市群的抓手功能等方面总结了本书的政策启示。最后,从强化经济集聚的多维绩效研究(特别是集聚成本的研究)、系统评估基于地方的空间干预政策、解决模型估计的动态化与自选择问题等方面阐述了进一步研究的方向。

1.3 研究创新点

在研究视角方面,不同于以往认为经济集聚带来效率的同时必然导致区域发展的不平衡,或者区域平衡目标的实现一定以牺牲经济集聚的效率为代价,本书以如何正确处理空间效率与区域平衡之间的关系为研究的切入点,分别利用微观主体的最优化决策以及地区层面的经验证据,论证了在经济集聚中如何实现效率与平衡的双赢,进而指出在促进经济活动集聚发展的同时,保障劳动力跨地区的自由流动有利于实现在集聚中走向平衡。这既突破了以往空间效率与区域平衡相互冲突的学术观点,又为 2009 年世界银行发展报告中"不平衡的经济增长与和谐性发展可以并行不悖、相辅相成"(Economic growth will be unbalanced, but development still can be inclusive)的观点提供了来自发展中大国的经验证据。

在研究内容方面,在经济集聚中兼顾效率与平衡这一选题涉及多个微观经济主体的最优化选择。例如,旨在缩小区域不平衡的政府应该采取鼓励集聚还是促进分散化的政策?追求利润最大化的企业的最优区位选址在哪?劳动力在哪里可以获得更高的劳动报酬?而这些微观经济主体的决策又构成了决定地区经济增长差异的根本力量。因此,只有不同主体之间的最优化选择相互印证,才能最终推导演绎出一条兼顾空间效率与区域平衡的发展之路。跳出以往单一维度的局限,本书构建了涵盖政府—企业—劳动力—地区层面的多维分析框架。综合利用全国经济普查数据、中国综合社会调查(CGSS)数据、流动人口动态监测数据、城市统计年鉴与区域经济统计年鉴、全国人口普查数据、夜间灯光数据等多种数据源,从政府如何权衡"空间中性"与"空间干预"的区域政策入手,到论证企业创业的区位选址以及流动人口的迁移决策,再到地区层面的经济增长模型,强化了不同维度研究结论的相互印证,从而确保了所得结论的相对科学性。

在研究指标方面,不同于以往依赖单一理论体系,本书综合了城市经济学与新经济地理学关于经济集聚的理论阐述,同时使用了规模、密度与市场潜能作为经济集聚的测度指标,并重点考虑了在控制规模与密度的影响之下,邻近大市场(市场潜能大的地方)的重要性。这样处理一方面可以比较不同理论体系的适用性,另一方面则可以相对避免变量遗漏所带来的估计偏误。事实上,不同理论体系关于经济集聚的理解不同。例如,城市经济学使用城市规模与城市密度来度量经济集聚,将城市和区域看成"自由漂浮的孤岛"(Fujita et al., 2005;Brakman et al., 2009a),侧重于分析小尺度(small scale)、短距离(short distance)的经济互动关系,认为技术外部性在经济集聚中占主导作用。而新经济地理学则强调了大尺度(large scale)、长距离(long distance)空间关联与相互作用的重要性(Combes et al.,2005a;Fingleton,2011),往往使用市场潜能作为经济集聚的测度指标。一个核心结论是,拥有较大市场潜能的地方往往伴随着较高的要素价格和更多的要素流入。本书认为,这两大理论体系并不矛盾。鉴于空间相互作用已经成为中国区域经济发展的重要力量(潘文卿,2012,2015),因此小尺度与大尺度的空间相互作用同等重要。同时考虑规模、密度与市场潜能才能全面反映经济集聚效应。

在研究的政策含义方面,本书的发现对中国城市与区域经济发展政策的制定提供了借鉴。关于中国应该走什么样的城镇化道路,优先发展大城市还是小城镇,在政策层面一直存在争论。进一步来看,"大众创业"战略适宜遍地开花还是相对集中的布局模式、特大城市应不应该采取严格控制人口规模的政策、劳动力流动能否缩小区域不平衡、大城市是否有利于小城市的经济增长等问题均亟须明确的解决方案。以往研究对此或重视不够或缺乏可靠的经验证据。建立在符合多个经济主体最优化决策的基础之上,本书旗帜鲜明地提出了实施"以人为主、以地为辅"的区域政策组合可以实现空间效率与区域平衡的双赢。这一解决方案有利于进一步"发挥市场在资源配置中的决定性作用",同时是对中央城市工作会议所提出的"尊重城市发展规律"的具体实践。此外,鉴于经济集聚的负面效应更容易被观察与放大,本书则强调,要素进一步向大城市和区域核心城市集聚是符合经济规律的,而人为采取平衡地区间经济活动空间分布的政策,既不利于发挥大国的空间效率,又有碍于区域平衡目标的实现。

2 文献综述:兼顾效率与平衡的区域政策选择

根据前文构建的分析框架,本章主要基于政府的视角,通过综述相关区域政策,探讨兼顾效率与平衡的区域政策组合。其中涉及的关键问题是,在国家层面应该实施促进经济活动集聚发展还是相对分散化(均匀)的区域政策?

经济学理论认为,当出现垄断、外部性、公共产品以及信息不对称等市场不完善问题时,需要发挥政府这只"有形之手"以纠正市场失灵。但是,现实世界却往往面临类似"空间失灵"的问题:要素总是趋向于集聚在少数几个地方,区域内部与区域之间的发展差距不断扩大。因此,为应对此类"空间失灵"问题,经济政策制定中的"空间转向"逐渐兴起(Martin et al.,2011b)。然而区域发展政策作用的主体可以是人员抑或地方,长期以来对于政府应该采取何种干预范式莫衷一是(Agnew,1984;Bolton,1992;Johnson,2007;Manville,2012):一方面认为,应该实施不考虑空间因素的干预政策,鼓励集聚、移民与专业化发展,通过消除制度障碍等鼓励"人往高处走",即空间中性(spatially-neutral)政策(World Bank,2009;Gill,2011);另一方面认为,只要存在政府就应当天然地实施基于地方的干预政策,以便将"就业机会带给底特律",即空间干预(spatially-targeted)政策(Barca,2009;OECD,2014)。还有观点认可,实施基于地方的干预政策是当基于人员的政策面临失败时的次优选择,尽管两者并不能完全替代(Kline et al.,2014b;Partridge et al.,2015)。

尽管理论上存在争论,但现实世界随处可见基于地方的干预实践。通过实施选择性的基础设施投资、给予特定地方税收补贴或企业资助、在欠发达地区布局大量开发区等方式,期望达到促进欠发达地区的经济增长与降低区域不平衡等目标。例如,美国的"田纳西河流域管理局"(Tennessee Valley Authority)、"阿巴拉契亚地区委员会"(Appalachian Regional Commission)、"联邦开发区计划"(Federal Empowerment Zone Program),欧盟的"区域发展基金"(Regional Development Fund),加拿大的"大西洋地区商机局"(Atlantic Opportunity Agency),中国的"经济特区"(Special Economic Zone)、"西部大开发战略"(West Development Strategy)等。那么,空间中性与空间干预的发展政策到底孰优孰劣?不同发展范式的实施条件有何差别,效应有何异同,特别是能否实现兼顾效率与平衡的目标？本章将尝试回答以上问题。

2.1 空间中性与空间干预政策

2.1.1 空间中性政策主要观点

空间中性政策的支持者认为，不考虑特定地方背景的干预是解决发展应该关乎人员还是地方这一传统两难问题的最优方法（Barca et al.，2012）。这种不考虑空间因素的方法强调经济集聚并鼓励人员流动，认为个人可以"用脚投票"前往比预期获得更多就业机会、更好生活水平的地方，结果不仅会促进个人收入水平的提高，而且有利于总体经济的增长。因此，空间中性政策也被视为以人为主（people-based）的政策，该政策代表了一种最有效地增强效率、保证享有平等发展机会以及改善个人生活水平的最优方法。空间中性政策假设"世界发展是不均衡的，经济生产日趋集聚，生活水平则先分化再趋同"（World Bank，2009），"繁荣并不会同时在每一个地方发生，在一些地方根本不会产生，任何旨在将经济活动过多、过远、过早分散布局的尝试都将是不利的"（Gill，2010）。通过破除阻碍要素自由流动的制度障碍，促进经济活动在"共享""学习""匹配"的机制作用下集聚发展，最终可以带来人均意义的区域平衡。

2009年世界银行"重塑经济地理"的发展报告重新"点燃"了区域政策应基于人员还是地方这一传统两难问题的争论（Turok，2013；Olfert et al.，2014）。具体来看，世界银行综合运用"3D"［密度（density）、距离（distance）、分割（division）］的地理空间特征以及"3I"［制度（institutions）、基础设施（infrastructure）、干预（intervention）］的解决方案阐明，空间干预政策应该最少且最后使用，而且只有在土地与基本服务的制度是有效的以及交通基础设施是完善的时候才可以使用（World Bank，2009）。以往关于如何改善欠发达地区福利水平的政策讨论常常发轫于重视欠发达地区，即在农村地区和贫民窟怎么做，在落后地区和偏远地区怎么做，以及最贫穷国家和内陆国家怎么做，并且强调通过基于地方的干预措施或政策激励将生产推进到这些地区。不同于此，2009年世界银行发展报告提出了一种新方法，即发达地区和落后地区之间的一体化互动才是经济发展的关键，一体化政策的基石应当是不考虑空间因素的制度。

此外，借鉴丁伯根法则（Tinbergen's rule），2009年世界银行发展报告强调以一工具对应一挑战。密度、距离和分割这些地理特性凸显了每一类型地方所面临的政策挑战，根据所应对挑战的难易程度选择一体化政策工具（统一性制度、连接性基础设施和基于地方的空间干预）的不同组合，详见表2-1。

以地区尺度的城市化发展为例，随着一体化挑战因城市化的推进而增加，需要的政策工具也随之增加，政策的先后顺序和不同的城市化水平相

表 2-1 "一工具对应一挑战"经验法则

挑战的复杂性	地区类型——地区(L)、国家(N)、国际(I)地理尺度	实现一体化的政策难点		
		公共制度（不考虑空间因素）	基础设施（考虑空间因素）	激励措施（具有空间针对性）
单一问题	L. 城市化处于萌芽阶段的地区 N. 存在少数几个落后地区的国家 I. 毗邻世界市场的区域	•		
双重问题	L. 城市化处于中期阶段的地区 N. 存在众多落后地区的国家 I. 远离世界市场的区域	•	•	
三重问题	L. 城市化处于高级阶段、城市内部分割的地方 N. 存在众多落后地区、国内市场分割严重的国家 I. 远离世界市场、经济规模弱小的区域	•	•	•

对应。在刚刚开始城市化进程的地区（单特征区），政策目标应该是促进密度的提升，决策者应对完善（城乡）土地市场功能的制度予以特别关注；在城市化中期阶段（双重特征区），以公共制度和基础设施促进密度与缓解堵塞；在城市化高级阶段（三重挑战地区），以制度和基础设施提高密度和缩短距离，以基于地方的干预措施应对分割问题。因此，新政策成功与否取决于是否成功地运用了此前引进的工具。公共制度和基础设施是干预措施成功的前提条件，基于地方的干预措施可能必须等待公共制度和基础设施的改善。

吉尔（Gill，2011）对比了意大利（Italian）、西班牙（Spain）以及爱尔兰（Irish）在过去 30 年应对区域不平衡的战略举措（表 2-2），发现爱尔兰所采取的一体化区域政策是最为有效的。区域政策的实施应当区分经济生产的地理以及社会福利的地理。随着国家的发展，经济生产的地理将会变得逐渐崎岖不平，而社会福利的地理则变得逐渐平缓。与国家政策相匹配，区域政策应该同时促进这些空间转变。在可预见的将来，高密度、短距离和低分割仍将是经济成功发展的条件。意大利、西班牙以及爱尔兰的经验揭示，应当从限制集聚、移民与专业化转向促进这些力量的发展，从依赖特定地区的企业资助转向提高管理能力与促进更好的可达性。吉尔（Gill，2011）指出，在当前由于经济危机所导致的财政紧缩环境下，为谋求经济持续增长与效率最大化的新动力，西欧国家应当从基于地方的空间干预转向强调教育与医疗等社会公共服务、普遍性的行政管理以及连接发达地区与落后地区的选择性基础设施投资领域。

表 2-2 欧洲区域发展的三种模式

类别	意大利(Italian)模式	西班牙(Spain)模式	爱尔兰(Irish)模式
理念	为人们创造就业	为人们创造就业并促使其接近产品市场	为人们获得就业提供保障
目标	促进经济活动从发达地区向落后地区转移	促进落后地区厂商接近发达地区的市场	促进落后地区与发达地区的一体化发展
工具	强调基于地方的空间干预	强调基于地方的空间干预与连接性基础设施	强调制度与连接性基础设施

2.1.2 空间干预政策主要观点

实施基于地方的空间干预政策源远流长,政府干预这只"看得见的手"通常被视为纠正市场失灵的完美方法,其中隐含的假定在于,只有实施针对特定地方的干预政策才能影响区域发展的路径(Martin et al.,2011b;Hewings,2014)。纽马克(Neumark et al.,2015)进一步指出,作用于欠发达地区的空间干预政策往往基于这样的假设:解释欠发达地区表现欠佳的经济状况、当地贫困的生活水平以及某种类型的市场失灵。事实上,基于地方的空间干预强调两大基本要素(Barca et al.,2012):(1)认为地理背景是起作用的,这里的背景可以理解为社会、文化以及制度特征等。空间中性的方法被认为是不适合的,表面看来空间中性的政策总会产生明确的空间效应。除非将空间效应考虑在内,否则大多数空间中性政策实施的结果将违背政策制定的初衷。(2)聚焦于政府干预的智慧这一议题,包含具体的干预内容、实施区域以及干预方式等。本地精英的缺失或不作为,导致欠发达地区陷入长期的发展陷阱,不利于挖掘区域的增长潜能,迫使区域长期处于社会阶层分化状态。只有当引入新的知识与思想时这一问题才能解决,而发展政策的目的就在于通过本地人群与外地精英的互动来促使新知识与思想的产生。派克(Pike et al.,2006)认为传统的空间干预政策工具包含:提供如公路、铁路、公共卫生、水资源、电话线路等以提高可达性为目标的基础设施;以支持与吸引大规模企业迁往工业基础薄弱地区为导向的政府援助型工业化以及内向的投资策略。这些自上而下、供给性导向、普适性的政策工具受欢迎的原因在于简单性、有形性以及流行性。

近年来,一些国际组织纷纷吸纳空间干预政策的观点,将其视为"区域政策的新范式"(OECD,2009)予以贯彻实施。例如,经济合作与发展组织(Organisation for Economic Co-operation and Development, OECD)的区域发展政策从聚焦于短期资助以支持落后地区就业的补偿性、针对具体部门的方法,转变为开始强调采取整体的、多部门的、多重管治的方法,将识别与利用本地优势与资产作为促进区域发展的主要工具(OECD,2014)。

最为推崇实施空间干预战略的当数巴萨(Barca,2009)有关"欧盟聚合政策改革：实施基于地方的方法应对欧盟的挑战与预期"的独立报告。报告中把基于地方的干预定义为：通过推广大量一体化、满足特定地区需求的公共产品与服务，利用参与式的政治制度累积本地偏好与知识、建构与其他地方之间的联系；在多重管治体系作用下由上级政府推动下级政府实施，且资助刺激考虑到了目标与制度的条件限制；最终实现旨在减少特定地方持续的无效率与不平等的长期发展战略。该报告将某地方的欠发达归因于,本地精英的能力或谋求改变的意愿欠缺、缺乏集聚推动的向心效应以及来自外部的公共干预不足。

政策制定者实施基于地方的空间干预关键在于,识别目标实施区域的主要特征、挑战与发展机会。为此,在《欧洲 2020 发展战略》实现"精明增长""可持续增长""包容性增长"三大目标维度下,在欧盟改革聚合政策的背景下,麦肯(McCann et al.,2013)提出了一个三维的立体图(图 2-1),以便政策制定者更好地设计有利于三大目标同时实现的一体化发展战略。图 2-1 每个侧面均反映了《欧洲 2020 发展战略》三大不同维度的目标,同时可以识别在《欧洲 2020 发展战略》挑战下每个区域的主要特征,具体包含：对于精明增长目标而言,主要反映了知识、创新与区域特征之间的关系,根据知识促进本地创新过程的程度,划分为知识地区、工业生产区、非科学技术驱动区；对于可持续发展目标而言,主要反映了区域所面临的环境与能源挑战的不同组合,考虑到建成环境与自然环境之间的关系,划分为一般农村地区、城郊外围地区、一般城市地区以及沿海城市地区；对于包容性增长目标而言,主要反映了不同区域的社会融合程度,划分为人口减少与迁出地区、人口增长与迁入地区两大类型。图 2-1 中的 A、B、C、D 四个区域所面临的主要特征、挑战以及发展机会各不相同,因此实施基于地方的空间干预侧重点也各不一样。

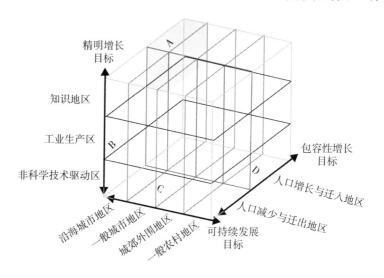

图 2-1 《欧洲 2020 发展战略》目标下基于地方的空间干预

以区域 A 为例,其呈现出知识地区、人口增长与迁入地区、沿海城市地区的主要特征。就精明增长目标而言,区域 A 的主要发展机会在于促进本地创新与知识生产。但是一旦实施该战略,将会进一步刺激人们内迁以及本地人口增长,进而导致拥挤、危害本地经济保持长期竞争力的能力。因此,为消除拥挤所带来的负面效应、促进可持续增长,可能的空间干预将涉及对能源和污水处理等基础设施进行补贴。此外,在沿海城市地区这一可持续发展背景下,人口的扩张与基础设施的供给将危害脆弱的沿海生态系统,实施的空间干预必须应对这些挑战。同时,实现包容性增长需要考虑自然资源的限制,人口内迁引发的土地价格上涨很有可能导致城市内部不同收入、技能人群的空间分离,不利于社会融合与一体化发展,最终可能带来持续的社会分离和孤立。因此,创新与基础设施的政策干预必须与促进不同群体的职业流动与空间流动保持一致。

2.1.3 空间中性与空间干预政策的争论

空间中性与空间干预政策两者之间的争论反映了经济学家与经济地理学者之间的分歧(Rodríguez-Pose,2010;Fernandez,2011)。表 2-3 从目标、城市体系、地理与历史背景、制度、解决方案、知识、中央政府角色维度归纳了两者的区别。

表 2-3 空间中性与空间干预政策的区别

类别	空间中性政策	空间干预政策
目标	促进集聚、移民与专业化发展	挖掘所有地方的增长潜能,聚焦于整个城市体系
城市体系	同质化(与城市规模有关)	异质性(不依赖于城市规模),集聚并非自然形成的
地理与历史背景	区域和本地遵循标准的发展路径	地理特征(经济、社会、文化、历史、制度等)是起作用的,且存在多重发展路径
制度	提供不考虑空间因素的具有普遍性的公共服务(教育、社会服务等)	因地制宜地进行制度管理设计
解决方案	标准化的: (1)不考虑空间因素的公共制度; (2)连接性基础设施; (3)基于地方的空间干预作为备用	设计因地制宜的公共产品干预和制度框架
知识	可预测的	不可预知的,嵌入本地之中。通过本地和外部行为者共同揭开;通过本地自下而上的参与过程来达成共识和获取信任;通过外部行为者的贡献来构建多层管制

续表 2-3

类别	空间中性政策	空间干预政策
中央政府角色	设计并供给不考虑空间因素的公共服务和基础设施	缺乏公共意识,可能支持由城市精英阶层推进的投资

一方面,经济学家认为,制度与一般性的框架比基于地方的要素禀赋对经济发展更为重要,因此 2009 年世界银行发展报告强调了制度的作用,特别是法律约束和产权保护等正式的制度。经济学家长期以来对基于地方的空间干预持批评或保守态度,认为其减缓了必要的经济调整,导致经济行为的巨大扭曲,降低了总体的经济产出,不利于欠发达地区的居民,诱发资源浪费,形成依赖的文化,寻租现象凸显,实施的干预政策很可能本来就不合适等(Betz et al.,2013;Busso et al.,2013;Olfert et al.,2014;Partridge et al.,2015)。凯恩(Kain et al.,1969)批判基于地方的干预是"镀金的贫民窟";明茨(Mintz et al.,2003)指出"政府通常不太善于挑选赢家,而输家则非常善于挑选政府";格莱泽(Glaeser et al.,2008)认为"在卡特里娜飓风过后,联邦政府花费了超过 1 000 亿美元帮助居民重返新奥尔良(这个在遭受飓风之前几乎已经丧失了发展机会的城市),这种花费巨额的联邦资金试图鼓励欠发达地区的人们停留在原地本身是站不住脚的";纽马克(Neumark et al.,2015)评论"政策制定者实施空间干预政策的唯一目标是'把工作带给底特律'"。

另一方面,经济地理学家则认为,尽管制度对于经济发展起着关键性的作用,但依旧无法解释制度组织相类似的区域却展现出截然不同的经济结果的原因。经济地理学者在经济学家困扰的地方做出了突出的贡献:强调基于地方的正式与非正式制度以一种复杂的方式重塑了经济地理(Rodríguez-Pose,2010;Fernandez,2011;Martin et al.,2011b)。巴萨等(Barca et al.,2012)批评道:"对于一直强烈坚持进行制度改革的组织(世界银行)而言,现如今却认为城市增长与集聚或许是发展的主要机制,背后的原因就在于,单单制度改革对于提升经济增长的潜力助益不大。"无论对于发达国家还是发展中国家,2009 年世界银行所提倡的空间中性政策几乎是不存在的;政策设计时采用不考虑空间因素的方法并不意味着就会产生空间中性的结果与效应(Olfert et al.,2014;Hewings,2014)。巴萨等(Barca et al.,2012)总结:"鉴于忽视地理与制度的相互作用、混淆因果关系、采取线性与历史的视角看待发展、认为'国家知道一切'、不考虑地方的重要性等,使用空间中性政策解决空间中普遍存在的异质性发展问题并不恰当。"

2.2 空间均衡模型

2.2.1 空间均衡模型的理论阐述

对空间中性与空间干预的不同态度在本质上反映了是否承认空间均

衡模型。根据罗巴克(Roback,1982)、格莱泽等(Glaeser et al.,2008)的研究可知,空间均衡模型成立的前提条件是,劳动力等要素可以实现跨区域的自由流动。某地区更高的工资往往被更高的生活成本(如房屋租金)所抵消,而某地区较低的工资则被较高的生活舒适度所弥补。如果空间均衡模型成立,劳动力可以在区域之间自由流动,那么对于欠发达地区的劳动者而言,可以选择迁往生产效率更高的地方以获得更高的工资,但同时劳动力的流入导致该地区的房屋价格上涨,此时劳动者面临更高的工资收入与较高的房屋价格之间的权衡,以决定是否继续居住在该地区。最终在劳动者"用脚投票"的机制作用下达到空间均衡,即劳动者在不同地方的预期效用相等。

空间均衡模型用数学公式可以表示为:假设区域 i 某个体劳动者的间接效用函数为 $V[W_i, \boldsymbol{P}_i^j, \theta_i(N_i)]$。其中,$W_i$ 表示某个体在区域 i 的劳动收入;$\boldsymbol{P}_i^j$ 表示城市层面非贸易品(特别是房屋)的价格向量;$\theta_i(N_i)$ 表示区域 i 的生活质量,由于拥挤带来的负外部性,生活质量随着人口 N_i 的增加而降低。贸易品的价格与非工资性收入也会影响福利,但假设在不同地方是相等的,因此不予考虑。在空间均衡模型的假定下,影响工资的变量 X_i 对于价格与生活质量具有补偿效应,即满足公式

$$\frac{\mathrm{d}W_i}{\mathrm{d}X_i} + \sum_j \left(\frac{V_j}{V_w}\frac{\mathrm{d}\boldsymbol{P}_i^j}{\mathrm{d}X_i}\right) + \frac{V_\theta}{V_w}\frac{\mathrm{d}\theta_i}{\mathrm{d}X_i} = 0 \tag{2-1}$$

假设生活质量是固定的,唯一的非贸易品是房屋,人均消费 1 个单位房屋,那么该公式可转化为

$$\frac{\mathrm{d}W_i}{\mathrm{d}X_i} = -\frac{\mathrm{d}\boldsymbol{P}_i^j}{\mathrm{d}X_i} \tag{2-2}$$

即在空间均衡作用下,劳动者工资的增加均被劳动者流入引发的房屋价格上涨所抵消,不同区域的预期效用相等。

2.2.2 空间均衡模型的政策含义

空间均衡模型对实施基于地方的空间干预有着重要的政策含义:如果劳动者对区位没有偏好性且可以自由流动,那么政府对欠发达地区实施的干预政策很有可能不会达到重新分配的目的,反而阻碍了劳动者前往可以获得更多就业机会、更好生活质量的地方,导致资源配置效率的扭曲。空间均衡模型表明:至少在人力资本相同的情况下,居住在欠发达地区的居民其实并没有如此的贫困,原因在于,较低的房屋价格弥补了较低的工资收入,达到空间均衡时区域之间预期的生活效用相等(Glaeser et al.,2008;Kline,2010;Busso et al.,2013;Kline et al.,2014b;Olfert et al.,2014);基于地方的干预政策很有可能使房屋的所有者以及外来移民受益,而这明显违背了政策制定的初衷,即通过在欠发达地区创造就业机会的再

分配效应,改善弱势群体的生活状况(Bartik,1993;Partridge et al.,2008,2015;Hewings,2014)。

例如,当决定对某产业园区实施干预政策时,除非劳动力供给是完全弹性的,否则对就业的资助将会带来更高的工资。如果部分劳动力可以流动,一些劳动者将选择迁移至目标实施区域,只要房屋供给不是完全弹性的,那么持续上涨的房屋价格和租金至少会部分抵消本来给本地人带来的收益。而在劳动力完全流动的极端情况下,实施干预政策前后不同区位个体的效用是相等的,此时唯一的效应在于,干预政策的资助转变为资本化的土地价格。当然,对那些在实施区域拥有房产的居民而言,房屋价格上涨将是有益的。但是,毫无疑问,我们不应当将土地或房屋所有者作为实施空间干预政策的目标人群。

2.2.3 空间均衡模型是否成立

一个自然的问题是,空间均衡模型是否成立?当劳动力市场面对非对称的需求或供给冲击时,是否会做出反应,能否立即进行调整?如果本地劳动力市场的有效性得以证明,那么实施基于地方的空间干预政策不仅没有必要,而且会导致经济效率的扭曲。

因此,实施空间干预政策的前提条件包含(Glaeser et al.,2008;Barca et al.,2012;Olfert et al.,2014;Partridge et al.,2015):存在阻碍要素流动性的货币、精神、信息以及文化成本等空间摩擦,如抛售房屋的成本、工作搜寻的成本、社会网络的根植性、就业机会与工人技能的空间不匹配等;市场是不完善或者失灵的,包含既得利益、信息的缺失或不对称、经济租金以及环境与空间的外部性等。此时,空间均衡模型面临失败或发挥作用非常缓慢,选择基于地方的空间干预政策可能是次优选择(Kline et al.,2014b;Partridge et al.,2015)。

纽马克(Neumark et al.,2015)总结实施空间干预政策的理论依据包含:集聚经济(agglomeration economics)、知识溢出(knowledge spillovers)、产业本地化(industry localization)、空间不匹配(spatial mismatch)、劳动力市场的同群效应(peer effect)、基于就业和收入的公平导向(equity motivations)等。

帕特里奇(Partridge et al.,2015)回顾了空间均衡模型在现实中是否成立的经验证据(表2-4),将相关的实证研究划分为三大类:第一,检验家庭效用与价格调整后的工资在不同地方是否相等;第二,检验区域劳动力市场面临冲击时的中长期反应,即劳动力市场指标(失业、移民、贫困等)的空间差异是否具有持续性;第三,检验就业增长对劳动力市场的直接效应,如对失业、劳动力参与、贫困以及收入分布等的影响。可以发现,区域之间的效用差距总是存在的,移民或房屋价格调整至少需要十多年时间,这就给实施基于地方的政策干预留下了空间。

表 2-4 空间均衡的横截面检验

相关研究	研究内容	研究结果	是否支持空间均衡
迪基等(Dickie et al.,1989)	对实际工资均等化进行文献回顾	实际工资并不均等	不支持
罗巴克(Roback,1988)	工资—价格弹性	0.97	支持
杜蒙德等(Dumond et al.,1999)		0.46	不支持
温特斯(Winters,2009)		0.50—1.00	受估计方法与房屋成本的测度影响
格莱泽等(Glaeser et al.,2008) 奥斯瓦尔德等(Oswald et al.,2011)	自我报告的幸福	与人均收入及人均国内生产总值(GDP)无关,自我报告的幸福感显著不同	微弱支持,在严格的条件下拒绝支持
格林伍德等(Greenwood et al.,1991) 克拉克等(Clark et al.,2003) 里克曼(Rickman,2011)	移民分析	存在非均衡的差额,与随后的移民相关	长期微弱支持,短期强拒绝
拜耳等(Bayer et al.,2009) 麦格拉纳汉等(McGranahan et al.,2011)	特征价格估计	外部或环境舒适度仅部分资本化为要素价格	微弱支持

2.3 相关实证研究

鉴于实践中普遍存在的基于地方的空间干预政策,大量实证研究关注了该政策是否有利于发挥集聚经济、创造就业岗位、降低失业率与贫困率、改善欠发达地区居民生活水平等效应。

研究空间干预政策带来的效应本质上就是评估在特定地区实施的具体项目,包含:产业园区政策(Hanson,2009;Neumark et al.,2010;Ham et al.,2011;Hanson et al.,2013;Busso et al.,2013;Reynolds et al.,2014)、集群政策(Falck et al.,2010;Martin et al.,2011a;Brakman et al.,2013)、网络效应/同群效应(Kato,2004;Bloom et al.,2005;Hellerstein et al.,2012)、随意的资助政策(Devereux et al.,2007;Greenstone et al.,2010;Bernini et al.,2011)、大学或科研机构(Abramovsky et al.,2011;Kantor et al.,2014;Helmers et al.,2017)、基础设施投资以及其他区域或本地政策(Becker et al.,2012;Melo et al.,2013;Kline et al.,2014a)、社区发展与本地导向的刺激(Eriksen et al.,2010;Accetturo et al.,2012;Freedman,2012)等。空间干预政策实践如表 2-5 所示。

期望达到的目的、干预的具体方式、目标实施区域的特征以及潜在受益主体的多元化决定了所得结论都有各自的局限性,但是对以往区域发展项目的分析与评估能够提供可供借鉴的信息。

表 2-5 空间干预政策实践

类别	经济开发区	企业留驻与新兴发展	集群发展	基础设施投资	资金补助	社区发展与地方激励
现实案例	(美)加利福尼亚州开发区项目;(美)联邦开发区;(美)联邦企业组织;(法)经济开发区	(英)经济开发区	(法)地方生产系统;(德)巴伐利亚高科技产业发展	(美)田纳西河流域管理局;(美)阿巴拉契亚地区委员会	(英)区域选择性补助;(意)488号法律	低收入住房税收减免;地区复兴及再开发;新市场税收抵免
政策目标	提供就业机会	发展新兴企业;提供就业机会;促进产业集聚	加强企业间,企业与公共部门,企业与科研机构之间的合作	促进经济现代化发展	提供就业机会;维持稳定发展;加强对内投资	提供可支付住房;促进城市再开发;实现城市经济振兴
政策标的	贫困、失业集中地区	政府指定区域内的新兴企业	法国:局部区域限制要求。巴伐利亚:全州	贫困地区	生产率低于欧盟平均水平,失业率高于欧盟平均水平的地区	低收入群体以及低收入社区单元
激励措施	雇佣税减免;企业与个人所得税减免;销售与使用税减免;发行免税债券;发放社区补助;财产、公司、工资税减免	降低营业税率;放松规划调控;提升资本折让	法国:对于企业出口补贴。巴伐利亚:加强部门间交流、风险投资、科学园区建设	降低电力能源价格;提升其他基础设施水平	欧盟区域发展基金:提升交通、通信基础设施水平以及创新、能源相关投资;欧盟社会基金:培训项目	为投资者与房产开发商提供税收减免;施行租税增额融资
受益主体	多数企业工人;社区组织	企业组织	法国:一般性企业。巴伐利亚:五大高科技部门	广泛	制造业企业为主	房产开发商及部分其他企业

传统针对空间干预政策的实证研究聚焦于创造就业与降低贫困等效应,不同于此,近来一些研究开始转向本地及国家整体尺度的福利效应分析:空间干预政策作用的结果是否属于"零和游戏",目标实施区域的收益是否以其他地区的损失为代价,最终的受益主体是否与政策预期的目标人群保持一致,考虑实施干预政策所花费公共资金的机会成本等,详见表2-6。

表2-6 针对空间干预政策的实证研究

代表性文献	空间干预政策与主要研究内容	主要研究结论
贝茨等（Betz et al.,2013）	干预政策:美国的"阿巴拉契亚地区委员会"（Appalachian Regional Commission,ARC）。研究内容:阿巴拉契亚地区委员会（ARC）创造的就业岗位是否有利于本地人就业	与控制组相比,2000年后阿巴拉契亚地区委员会（ARC）地区劳动力的净迁入率受就业增长差异的刺激明显减弱,所创造的就业机会更多地被本地居民所获得;更快的就业增长带来了较低的净迁入人员的平均工资,表明就业机会的创造吸引了较低收入人群的迁入
布索等（Busso et al.,2013）	干预政策:美国的联邦开发区（Empowerment Zone,EZ）研究内容:联邦开发区（EZ）计划对目标区域的工资、就业以及房屋租金的影响	本地资助的影响范围与效率在很大程度上依赖于经济主体对居住与通勤行为的偏好;与控制组相比,联邦开发区（EZ）区域的总就业提升了12%—21%,工人每周的工资提高了8%—13%;尽管房屋价格上涨,但本地居民的生活成本（即租金）与人口总量却保持相对不变,即目标实施区域作为居住地的替代性较弱
王谨（Wang,2013）	干预政策:中国的"经济特区"（Special Economic Zones,SEZ）政策研究内容:经济特区（SEZ）政策对本地投资、集聚经济与要素价格的影响以及效应的异质性	经济特区（SEZ）显著地促进了外商直接投资（Foreign Direct Investment,FDI）的增加,该效应并非通过企业重新布局,并未挤占国内投资;经济特区（SEZ）所带来的集聚经济促进了全要素生产率的增长,工人工资的增加超过了消费价格指数（Consumer Price Index,CPI）所代表的生活成本的上升;后期建立的经济特区（SEZ）对企业布局产生了更大的扭曲,多重经济特区（SEZ）干预带来的效应更大

续表 2-6

代表性文献	空间干预政策与主要研究内容	主要研究结论
克莱恩等 (Kline et al., 2014a)	干预政策：美国的"田纳西河流域管理局"(Tennessee Valley Authority, TVA) 研究内容：田纳西河流域管理局(TVA)对本地与国家整体的长期效应	与控制组相比，田纳西河流域管理局(TVA)影响的县域农业就业人数获得了极大的提升，但是当联邦政府的转移支付停止时，这一趋势便不再维持，而由于集聚经济的作用，制造业的就业人数却始终保持增长；基础设施的直接投资极大地促进了国家整体制造业生产力的提升，而集聚经济带来的间接效应则相对有限，原因在于，目标实施区域获得的集聚经济被其他地区的损失所抵消
雷诺兹等 (Reynolds et al., 2014)	干预政策：美国的联邦开发区(Empowerment Zone, EZ) 研究内容：基于地方的税收刺激对生活质量与商业环境的影响	当扣除联邦开发区(EZ)计划带来的工资补贴效应外，与1990年相比，税收激励使得2000年联邦开发区(EZ)区域的居民愿意多付3.5%—4.5%的房屋成本，企业愿意多付10.3%—14.3%的运营成本，表明联邦开发区(EZ)的税收激励极大地提高了商业环境质量，对居民生活质量的改善相对有限

例如，除了从邻近地区吸引就业之外，产业园区政策存在扭曲效应吗？特别是如果吸引来的企业和工人来自生产效率更高的地方。如果干预政策有利于提高本地生产力，那么在房屋供给无弹性的情况下最终的受益者是房屋所有者吗？政策所关心的低收入群体是否可以获益？以产业园区政策为例，克兰等(Crane et al., 2008)指出，该政策毫无疑问使得受资助的企业受益，国家与地方政府获得了潜在的收益，或许有利于本地的失业人员，然而对本地其他工人的效应则并不明确。最为确定的是，空间干预政策所带来的收益给予了最不需要的人，最需要的人是否获得了收益则最不确定。

梳理相关的实证研究(Glaeser et al., 2008; Betz et al., 2013; Kline et al., 2014a, 2014b)可以得出以下基本结论：对于任何空间干预政策而言，首先需要考虑的是，工人与企业面对外生冲击时的流动性反应以及可能带来的效应；设计很难通过流动性进行套利的资助是值得推荐的，即有效的空间干预政策应该作用于那些不会引起外地人迁移的欠发达地区；确保空间干预政策可以带来总体产出效应的前提条件是，目标实施区域的集聚经济弹性要大于产业原本所在区域集聚对生产力的弹性，而这些往往很难实现。

总之，运用计量经济学方法估计空间干预政策面临的主要挑战与标准的项目评估相类似。例如，反事实(counterfactual)方法的选取以及政策实施区域的潜在内生性等。但是,纽马克(Neumark et al.,2015)指出,分析空间干预政策的效应存在一系列独特的难点:(1)准确测度干预政策所实施区域的边界以及提取相关的经济指标,因为政策所作用区域往往与标准的行政区划边界并不吻合;(2)选取合适的控制组以便对比分析空间干预政策的经济绩效,如可选取那些与产业园区的特点相类似但却未被批准的地方,选取那些成为产业园区的目标实施区域却未建成或将来要建成的地方等;(3)当多项空间干预同时实施时,识别与剥离每项干预所带来的效应,因为不同层级政府的政策实施作用区域往往趋向重合;(4)辨析是否存在替代效应或溢出效应,例如,当存在证据表明产业园区实现了促进就业增长的预期目标时,需要明确是创造了新的就业机会还是企业重新布局所导致的,因为后者往往是以其他区域的损失为代价,即产生了负外部性;(5)深入研究对具体企业所实施的随机政策效应,如政府可能给予了具体的企业补贴、资助以促进投资与就业,但并非目标实施区域的所有企业都可获得此项支持,这就使得确定可供比较的控制组与判定是否存在溢出效应更趋复杂。

2.4 本章结论与政策启示

本章以世界银行与欧盟的相关报告为基础,分别阐述了空间中性与空间干预政策的主要观点,指出前者聚焦于经济集聚、移民与专业化发展,主张实施不考虑空间因素的公共制度;后者则认为地理背景是起作用的,政府的天然职责就是给予一系列优惠政策援助"问题区域"或"膨胀区域",且往往采取相对分散化布局的方式。两者争论的焦点在于是否承认存在空间均衡模型。在要素流动的情况下,空间干预政策往往不能兼顾效率与平衡,存在导致资源配置效率扭曲、损失国家整体经济效率的风险,而且最终的受益主体很可能与政策制定的初衷相违背。而主张经济活动集聚发展与劳动力自由流动的空间中性政策,在"共享""匹配""学习"效应的集聚经济作用下,同时确保了劳动力流动与经济集聚相匹配,从而既有利于发挥国家整体的空间效率,又可以起到缩小区域不平衡的目的。因此,实施空间中性政策成为兼顾效率与平衡的不二选择。

就正处于发展中阶段的中国而言,空间干预政策的思维一直很流行。例如,改革开放初期在东部沿海实行的经济特区、沿海开放城市、沿海经济开发区政策等,进入21世纪以来实施的西部大开发、振兴东北、中部崛起等一系列区域政策,以及近来兴起的"园区热""开发区热""新区新城热"等现象。在行政区经济主导下,各地政府往往出于本地经济发展的考虑,实施了一系列旨在分散布局的干预政策。基于空间中性与空间干预的分析框架,中国实施空间干预政策的原因似乎在于,市场经济的不完善使得空间均衡模型不适用于分析中国的经济地理特征(Partridge,2014)。但是,本书认为,应该具体分析导致空间均衡不成立的制度背景。例如,户籍制度作用下的劳动力不能完全自由流动、土地市场不能完全自由化交易以及大量僵尸企业的存在。正是上述阻碍要素自由流动的制度障碍影响了经济活动的集聚发展以及劳动力的自由流动，最终导致国家层面的效率与平衡皆失。

以往评估中国区域政策的经验研究也表明，单纯依靠基于地方的空间干预政策往往是无效的，且对区域经济的长期可持续发展构成威胁。例如，刘生龙等(2009)利用双重差分法对西部大开发战略进行了检验，发现虽然促进了西部地区的经济增长，但无论与同期的中部地区还是西部大开发战略实施之前相比，测度西部地区经济增长质量的全要素生产率却降低了，主要原因在于过度依赖政府的实物资本投入。罗伯茨等(Roberts et al.,2012)研究发现，虽然高速公路建设使得总体的实际收入提高了6%，但似乎强化了当前的空间不平等格局。就转移支付政策而言，当前的转移支付尽管增加了欠发地区的产业份额，但不能有效缩小区域之间全要素生产率的差距(颜银根,2014)。开发区政策的区域平衡既有损总体效率，又损害了欠发达地区和总体经济增长的可持续性(向宽虎等,2015)。偏向中西部的土地供应政策影响了东部地区的经济竞争力(陆铭等,2015b)。吴意云等(2015)认为，欠发达地区采取一味模仿发达地区产业政策的行为，导致了中国自2005年之后工业的地理集中程度与行业的专业化水平均呈下降趋势，直接的后果是产业同构以及经济效率的损失。

基于以上论述，本书认为，中国当前区域政策优化的方向是基于空间中性的理念，即鼓励经济活动集聚发展的同时要促进劳动力的自由流动，这样最终可以实现效率与平衡的双赢。为了论证这一观点，本书接下来的第3—4章分别以企业创业活动的区位选址、流动人口的迁移决策为例，重点回答在哪里集聚更有效率这一问题；第5章则利用地区层面的经验证据，论证如果伴随着劳动力的自由流动，那么将实现在集聚中走向平衡。

[本章主要内容参考丁嵩,孙斌栋,2015.区域政策重塑了经济地理吗：空间中性与空间干预的视角[J].经济社会体制比较(6):56-67]

3 市场潜能、地理衰减与创业活动

3.1 引言

作为论证空间效率的微观证据之一，本章就企业创业活动的区位选址展开讨论，重点回答在哪里创业更有效率等问题。自熊彼特提出"创造性破坏"概念以来，企业家精神往往被视为创新的关键性因素与经济增长的引擎。正是企业家把各种要素组织起来进行生产，并通过不断创新改变其组合方式才带来了技术进步、就业岗位与劳动生产率的提高。鉴于企业家精神与创业活动对城市增长的重要作用（Ács et al.，2006；Audretsch et al.，2006；李宏彬等，2009；Fritsch et al.，2014）[①]，各级政府均将培育企业家精神与促进新企业的形成作为政策的着力点。《国务院关于大力推进大众创业万众创新若干政策措施的意见》更是从国家战略角度明确了创新创业对于推动经济结构调整、打造发展新引擎、增强发展新动力、走创新驱动发展道路的重要意义。

在此背景下，地方政府实施了一系列旨在打造以"下一个硅谷"为目标的创新创业政策，形式多样的"众创空间""孵化器""创业集群"纷纷涌现。然而，一个容易忽视的问题是，创业活动适宜遍地开花还是相对集中的布局模式，即在哪里创业更有效率、更能成功？探讨创业活动的空间布局问题关乎如何更好地发挥大国的空间效率，以确保"大众创业"战略的顺利实施。就文献而言，以往重点从集聚经济的类型（Glaeser et al.，2009a；Jofre-Monseny et al.，2011；Ghani et al.，2014；吴建峰，2014）、企业家文化（Glaeser et al.，2015；Stuetzer et al.，2016；Fritsch et al.，2017）、制度环境与政府干预（Branstetter et al.，2014；Quatraro et al.，2015；陈刚，2015；倪鹏途等，2016）等因素来分析创业活动的空间非均匀分布，而对市场的空间关联效应及其地理边界却重视不够。事实上，新经济地理学理论指出，企业在选择区位时更加关注本地与周边市场联系的紧密程度，并用市场潜能指标反映这种市场需求的空间关联效应。但是，在中国，市场潜能在多大程度上导致了创业活动的空间差异，以及影响创业活动的有效市场边界到底有多大，这些问题尚未得到系统评估。基于此，本章利用 2004 年、2008 年全国经济普查数据以及 2010 年中国综合社会调查（CGSS）数据，首次尝试从市场潜能入手,分析中国县市尺度创业活动的空间差异,并重点回答了市场潜能对创业活动的影响是否存在地理衰减效应的问题。

本章研究发现,市场潜能是创业活动空间差异的重要原因,市场潜能大的县市孕育了更多的创业活动,这一促进作用对于创业活动处于较低水平的县市作用更大。此外,市场潜能对创业活动的影响具有显著的地理衰减效应,超过一定地理范围的市场潜能将不利于本地的创业活动。这表明,创业活动的空间非均匀分布具有客观规律性,遍地开花的模式违背了集聚经济规律,选择在市场潜能大的县市创业可以更好地发挥大国的空间效率。

本章的结构安排如下:第3.2节从创业的测度指标、影响因素与空间外部性范围三个方面对以往文献进行综述;第3.3节构建了市场潜能影响创业活动的理论模型,进行了模型设定与变量选取,并报告了本章的实证结果;第3.4节论证了地理衰减效应;第3.5节分析了市场潜能、政府干预与创业活动之间的关系;第3.6节是本章结论与政策启示。

3.2 相关研究与文献

首先,研究创业活动的前提是选取合适的测度指标。然而,现有文献没有形成关于创业活动的统一定义,研究目的和数据获得性的差异导致了测度指标的多样化。归纳起来,主要包含基于微观个人工作类型和微观企业信息两类,例如,自我雇佣率、企业进入与退出率、新建企业数、新建企业规模等(Rosenthal et al.,2003;Glaeser et al.,2009b;Faggio et al.,2014;Simoes et al.,2016)。国外的家庭和人口普查中经常涉及自我雇佣的问题,以及存在信息量丰富的微观企业调查数据,因此国外学者往往基于研究目的选择合适的指标。相比之下,微观个人和企业数据的相对缺失,使得国内有关创业活动的研究不得不寻求替代指标,如李宏彬等(2009)使用"个体和私营企业所雇佣的工人数占总就业人口"来粗略替代。值得注意的是,随着中国越来越多微观调查的开展,如中国综合社会调查(CGSS)、中国健康与营养调查(China Health and Nutrition Survey,CHNS)、中国家庭动态追踪调查(China Family Panel Studies,CFPS)、中国家庭金融调查(China Household Finance Survey,CHFS)等,类似国外学者使用的自我雇佣指标,基于工作类型定义企业家的中国研究逐渐增多,如将"老板、个体工商户、自由职业者"认定为企业家[②](阮荣平等,2014;吴晓瑜等,2014;陈刚,2015;尹志超等,2015;倪鹏途等,2016)。

然而,基于微观企业数据度量创业活动的相关研究则相对缺乏。有限的研究往往借助中国工业企业数据库,例如,郭琪等(2014)、吴建峰(2014)通过构建"新生私营企业数"来度量创业活动。但却不得不承认这一数据库对于研究创业活动具有天生的缺陷,因为其统计样本为全部国有工业企业以及规模以上非国有工业企业,这与中小企业占主体的真实创业活动存在较大偏差,从而使研究结论的可信度大打折扣。此外,鉴于自我雇佣率实际上给予小企业与个体工商户较高的权重,这样很可能导致异常值。例如,根据美国大都市区自我雇佣率的排名可知,硅谷核心地带圣何塞(San Jose)以3.2%的自我雇佣率排在最低一组,显然这并不代表硅谷的创业活力最低[3](Glaeser et al.,2009b)。也就是说,自我雇佣率或许并不是创业活动的最优指标,至少其和企业进入指标并不能完全被替代(Faggio et al.,2014)。因此,亟须基于更加可靠的微观企业数据来丰富并拓展中国创业活动的测度指标,如构建企业进入率与新生企业数等指标,与自我雇佣率互补,以便反映更加真实与多样化的创业活动。全国经济普查数据因其权威性和广延性,调查对象是在中国境内从事第二产业和第三产业的全部法人单位、产业活动单位和个体经营户,成为当前企业层面测度创业活动的较优选择,且是对以自我雇佣为主体的测度指标的有益补充。

其次,创业活动往往是个人特征与城市环境耦合作用的结果[4]。如果没有适宜的城市条件支撑,即便是极具天赋的企业家也很难取得创业成功(Stam,2010;Fritsch et al.,2014)。因此,近来的研究逐渐开始转向关注城市层面的影响因素。其中,首先需要回答的是,市场规模是否有利于提升创业活动。但是,以往的研究结论并不一致。一方面,由于存在集聚经济效应,较大的市场规模不仅降低了创业的潜在成本,而且孕育了更便利的创业机会与创业条件。另一方面,市场规模的扩大同时意味着更加激烈的竞争,可能导致个人创业概率的下降。格莱泽等(Glaeser et al.,2009b)发现人口规模因素可以部分解释美国城市—产业层面新生企业创业活动的差异。迪·阿达里奥(Di Addario et al.,2010)基于意大利毕业3年之后的大学生群体的研究表明,高人口密度显著降低了其成为企业家的概率,原因在于,高密度地区激烈的竞争阻碍了企业的进入。基于日本地级市的样本,佐藤(Sato et al.,2012)发现人口密度对创业活力的影响不是单调的,人口密度提高了具有创业主观意愿的人群占比,而对以自我雇佣率反映的真实创业活动的促进作用仅限于人口密度的两端,即人口密度最高和最低的地级市。利用28个转型国家的生活调查数据,吴一平等(2015)发现以各国人均国内生产总值(GDP)衡量的经济发展水平对创业的影响没有显著性差异。基于中国样本的经验研究也存在差异,吴建峰(2014)、陈刚(2015)发现人口规模对省级层面的新生企业数、微观个人的创业概率具有显著的促进作用;而倪鹏途等(2016)则指出,当控制了地区工资水平之后,就业密度降低了个人创业的概率,可能的解释是,更多的劳动供给意味着企业之间以及劳动力之间的竞争将更加激烈。

再次,以往研究为进一步理解市场规模对创业活动的影响而进行了有益的探索,但无论是收入水平、人口规模还是人口密度都仅能测度本地的市场规模,而忽视了市场需求的空间关联效应,即周边市场对本地创业活动的影响。因为,即便本地市场规模相同,但距离大市场的邻近性不同,也会导致创业活动的地区差异。对于那些市场定位并非局限于本地的企业而言,更是如此。新经济地理学理论指出,由于规模报酬递增和运输成本的存在,企业选择区位时更关注本地区与周边市场联系的密切程度,即市场潜能的大小(Fujita et al.,1999)。较大的市场潜能意味着拥有较多接近顾客和中间供应商的机会,更容易吸引生产差异化产品的企业在该地区布局。然而,当前有关市场潜能的经验研究聚焦于对产业集聚、跨国公司区位选址、工资差异、经济增长等效应的评估(Head et al.,2004;Combes et al.,2008a,2015b;刘修岩,2009;Holl,2012;范剑勇,2013),直接将市场潜能与创业活动两者相关联的理论与实证研究则相对稀少[5]。创业活动的文献往往局限于评估本地市场规模的效应,而新经济地理学的相关研究则较少涉及创业活动,两者共同决定了论证市场潜能对创业活动的影响很有必要。

最后,虽然市场潜能指标本身体现了地理衰减效应,即通过设置权数与距离的反比关系,假设距离越近的市场影响越大,但就实证而言,系统评估市场潜能的地理衰减效应以及多大范围的市场是有效需求的研究则比较少见。当把被解释变量限定为创业活动或企业家精神时,更是如此。根据检索发现,只有罗森塔尔等(Rosenthal et al.,2005)的研究与本章最为密切相关,其通过构造 0—1 mile(1 mile ≈ 1 609.3 m)、1—5 mile、5—10 mile 同心环(concentric ring)变量的方法,估计了集聚外部性对纽约大都市区街区尺度新建企业个数和就业规模的影响,发现本地化经济和城市化经济均呈现显著的地理衰减效应。相类似,国内少许文献虽然也发现市场潜能存在地理衰减效应,但却侧重于其他的研究主题,且研究样本的异质性导致并未形成一致的有效市场边界。例如,潘文卿(2012)发现省域层面的市场潜能对经济增长的促进作用超过 3 000 km 就不显著了。韩峰等(2012)利用地级市样本估计市场潜能对产业集聚的影响,得出需求的外部性作用范围可遍及全国的结论。可见,国内关于市场潜能空间外部性的研究尚未涉及创业活动这一主题,其他主题的论证也集中于省域和地级市较大的空间尺度,这就为评估县市尺度创业活动的有效市场边界留下了空间。

基于以上论述,本章可能的边际贡献可概括为三个方面:(1)与国内常用的借助微观个人数据定义企业家的方法不同,本章利用 2004 年、2008 年全国经济普查数据,通过构建企业进入率指标来测度创业活动,并利用新生企业数、个人创业概率指标作为稳健性检验。全国经济普查数据和微观个人数据相互补充、相互印证,既增加了研究结论的可信度,又拓展了国内有关创业活动的测度指标。(2)打破以往局限于分析本地市场规模的影响,本章重点考虑了市场需求的空间关联效应。基于新经济地理学理论,构建市场潜能影响创业活动的理论模型,并定量评估了市场潜能在多大程度上导致了创业活动的空间差异,同时使用了多种类型的市场潜能测度指标以检验结论的稳健性。(3)尝试利用分圈层的方法,系统评估市场潜能对创业活动的影响是否存在地理衰减效应,明确更小研究单元市场需求的有效地理边界,并通过进一步对比制造业与服务业、大企业与小企业效应的异质性,间接论证地理衰减效应的稳健性。

3.3 实证分析结果

3.3.1 理论模型

本章理论模型的核心思想是,以新经济地理学的"核心—边缘"模型为基础(Fujita et al.,1999),利用市场出清条件下的企业个数 n 推导出人均企业数与市场潜能之间的方程表达式。假设经济体由 R 个区域构成,每个区域存在农业(A)和制造业(M)两个部门。农业是规模收益不变且完全竞争的,农产品是同质化的。制造业具有规模收益递增与垄断竞争的特点,生产的产品具有差异化。

1) 消费者行为

假设 j 地区的代表性消费者对农产品和工业制成品具有同样的偏好,其效用函数为

$$U_j = M_j^\mu A_j^{1-\mu} \quad (0 < \mu < 1) \tag{3-1}$$

其中,A 表示 n 种类型农产品的消费组合;μ 表示对工业制成品的消费比例;M 表示 n 种类型工业制成品的消费组合,其满足不变替代弹性函数的性质。M 可表示为

$$M_j = \sum_{i=1}^{R} (n_i q_{ij}^{\frac{\sigma-1}{\sigma}})^{\frac{\sigma}{\sigma-1}} \quad (\sigma > 1) \tag{3-2}$$

其中,σ 表示替代弹性;q_{ij} 表示 j 地区的消费者对 i 地区生产的工业制成品的需求。

这里用 E_j 表示 j 地区的消费总支出,p_{ij} 表示 i 地区生产的工业制成品在 j 地区的价格,经过两步最优化决策求解,可以得到 q_{ij} 的表达式:

$$q_{ij} = \mu p_{ij}^{-\sigma} G_j^{\sigma-1} E_j \tag{3-3}$$

其中,G_j 表示 j 地区工业制成品的价格指数,其表达式为

$$G_j = \left[\sum_{i=1}^{R} n_i p_{ij}^{1-\sigma}\right]^{1/(1-\sigma)} \tag{3-4}$$

2) 运输成本

在冰山型运输成本的假设下,为了确保有 1 个单位的工业制成品到达 j 地区,需要从生产地 i 运输 T_{ij} 个单位产品($T_{ij} > 1$)。因此,q_{ij} 的表达式可重新写为

$$q_{ij} = \mu (p_i T_{ij})^{-\sigma} G_j^{\sigma-1} E_j \tag{3-5}$$

为了得到 i 地区代表性厂商的总销售量 q_i,需要将所有地区的需求加总,并考虑到冰山型运输成本 T_{ij},最终的 q_i 可表示为

$$q_i = \mu \sum_{j=1}^{R} (p_i T_{ij})^{-\sigma} G_j^{\sigma-1} E_j T_{ij} = \mu p_i^{-\sigma} m p_i \qquad (3-6)$$

其中，mp_i 表示 i 地区的市场潜能（market potential）。可以发现，i 地区的市场潜能与 i 地区、j 地区的运输成本 T_{ij} 成反比，与 j 地区的价格指数 G、总支出水平 E 成正比关系。mp_i 的表达式为

$$mp_i = \sum_{j=1}^{R} T_{ij}^{1-\sigma} G_j^{\sigma-1} E_j \qquad (3-7)$$

3) 生产者行为

假设生产中只有劳动力要素的投入，且劳动力仅包含边际投入 c。这样设置可以推导出本章所关心的人均企业数与市场潜能之间的表达式，莫德雷戈等（Modrego et al., 2014）采用了类似的处理方法。这是本章理论模型区别于"核心—边缘"模型的关键所在，标准的模型同时包含了固定投入和边际投入。于是，生产 q 个单位产品所需要的劳动力 l 为

$$l_i = cq_i \qquad (3-8)$$

此外，假设生产中存在固定成本 F_i，其与工资水平 w_i 无关，仅与地方环境相关。于是，可以得到 i 地区生产 q 个单位产品的总成本函数 TC_i：

$$TC_i = w_i cq_i + F_i \qquad (3-9)$$

则 i 地区代表性厂商的利润函数 π_i 为

$$\pi_i = p_i q_i - (w_i cq_i + F_i) \qquad (3-10)$$

将需求函数 q_i 代入，基于生产者利润最大化，求解得到 i 地区产品的最优定价，即

$$p_i = \frac{\sigma cw_i}{\sigma - 1} \qquad (3-11)$$

假设厂商可以自由进入或退出，可以得到零利润条件下厂商的均衡产出 q_i^* 和均衡的劳动力投入 l_i^*：

$$q_i^* = \frac{(\sigma-1)F_i}{cw_i} \qquad (3-12)$$

$$l_i^* = \frac{(\sigma-1)F_i}{w_i} \qquad (3-13)$$

4) 均衡求解

不同于标准的"核心—边缘"模型，这里得到的均衡产出和劳动力投入都不是常数，而与区域的固定成本 F_i 成正比，与工资水平 w_i 成反比关系。用 L_i 表示 i 地区生产所有类型工业制成品所需的劳动力规模，那么市场出清条件时的企业个数（也就是产品的种类）n_i^* 可表示为

$$n_i^* = \frac{L_i}{l_i^*} = \frac{L_i w_i}{(\sigma-1)F_i} \qquad (3\text{-}14)$$

可以发现,均衡时的企业个数与地区工资水平成正比,与固定成本成反比关系。根据需求函数 q_i、均衡产出 q_i^* 与最优定价 p_i,可以得到均衡时的工资方程 w_i:

$$w_i = \frac{\sigma-1}{\sigma c}\left(\frac{\mu}{\sigma F_i}mp_i\right)^{\frac{1}{\sigma-1}} \qquad (3\text{-}15)$$

将工资方程 w_i 代入均衡时的企业个数 n_i^*,得到人均企业数与市场潜能之间的表达式:

$$\left(\frac{n}{L}\right)_i^* = \frac{1}{\sigma c}F_i^{\frac{\sigma}{1-\sigma}}\left(\frac{\mu}{\sigma}mp_i\right)^{\frac{1}{\sigma-1}} \qquad (3\text{-}16)$$

上式经过自然对数变化,最终可得到下文要估计的经验模型,即建立了用人均企业数测度的创业活动与市场潜能之间的关系:

$$\ln\left(\frac{n}{L}\right)_i^* = \alpha + \frac{\sigma}{1-\sigma}\ln F_i + \frac{1}{\sigma-1}\ln mp_i \qquad (3\text{-}17)$$

其中,α 为常数项,用 enter 表示人均企业数。

利用比较静态分析,可分别得到人均企业数与市场潜能之间的关系 $[\partial \ln enter/(\partial \ln mp)]$、人均企业数与固定成本之间的关系 $[\partial \ln enter/(\partial \ln F)]$:

$$\frac{\partial \ln enter}{\partial \ln mp} = \frac{1}{\sigma-1} > 0 \qquad (3\text{-}18)$$

$$\frac{\partial \ln enter}{\partial \ln F} = \frac{\sigma}{1-\sigma} < 0 \qquad (3\text{-}19)$$

因此,可以推出以下两个命题:

(1) 出于节约运输成本和接近市场的考虑,市场潜能越大的地方,人均企业个数越多,即创业活动越活跃。

(2) 固定成本越高的地方,人均企业数越少,即抑制了创业活动。

3.3.2 模型设定、数据与变量说明

1) 计量模型

本章的经验模型主要关注市场潜能对创业活动的影响。理论模型中的人均企业数与文献中的企业进入率相对应,为了便于比较,下文统称为企业进入率。基于理论模型,基本的估计方程可设定为

$$\ln enter_{i2008} = \alpha + \beta \ln mp_{i2004} + \gamma \ln city_{i2004} + \varepsilon_i \qquad (3\text{-}20)$$

其中,α 表示估计的常数项。β 表示市场潜能的估计系数。γ 表示城

市特征变量的估计系数。ε 表示随机扰动项。lnenter、lnmp 分别表示 i 地区的企业进入率与市场潜能。为了尽可能地缓解遗漏变量偏误,方程中还控制了一组城市特征变量 lncity。企业进入率采用 2008 年的数据,所有的解释变量均滞后到 2004 年,以减轻创业活动反向影响地区市场潜能的担忧⑥。本章所关注的核心估计系数是 β,如果在控制了一系列城市特征影响因素之后,β 依旧显著为正,那么就表明市场潜能显著提升了创业活动,即市场潜能大的地方孕育了更多的创业活动。需要说明的是,与以往创业活动的文献不同,本章在城市特征中控制了本地市场和国际市场,分别用人口密度与规模、到最近海港的距离表示,此时市场潜能更多反映的是周边市场对本地创业活动的影响,即控制了其他影响因素之后,邻近大市场是否会促进本地的创业活动。

2) 研究样本与数据来源

本章将研究样本限定在县级层面出于以下三个方面的考虑:首先,中国经济的发展与地方政府的作用密不可分,出于晋升压力的考虑,县级政府推动本辖区内经济增长的动力更强。对于创业活动尤为典型,县级政府往往通过招商引资、建立产业集聚区等政策达到吸引企业入驻的目的。政策环境与发展条件的不同导致县域之间的企业个数相差较大,保证了被解释变量具有充分的变异性。其次,以往采用省级和地级市的样本,忽视了区域内部的差异性。事实上,中国一省的面积相当于欧洲一国,即便是地级市内部也存在"强县"邻近"弱县"的可能性,这决定了探索县域单元的差异性很有必要。最后,以往文献指出,受研究样本的尺度和形态影响,集聚经济效应存在"可变地理单元问题"(Holmes et al.,2010;Combes et al.,2015b)。因此,县域层面的研究还有利于比较不同尺度集聚经济效应的异同。需要说明的是,为了保证样本的完整性和市场潜能计算的准确性,以及考虑到数据的可得性,可以将地级市的市区作为一个整体纳入分析单元。

综上,本章的研究样本总计 2 210 个县市,包含 286 个市区、363 个县级市、1 561 个县域。行政区划统一按照 2010 年的边界进行相应调整,西藏自治区由于数据缺失从样本中剔除⑦。数据来源于 2004 年、2008 年的中国经济普查数据库,2005 年的中国区域经济统计年鉴、中国县(市)社会经济统计年鉴、中国城市统计年鉴等。其中,县市层面的企业个数和就业数据通过如下步骤获得:首先,从经济普查原始数据中筛选出机构类型属于企业的。其次,根据每个企业所属地方的行政区划代码,匹配、汇总到对应的县市。最后,对于那些不能匹配的企业,通过查看、检索企业名称手动完成匹配。

3) 变量说明

(1) 企业进入率

根据理论模型,企业进入率(enter)用每万就业人员的企业个数来表示,格莱泽(Glaeser et al.,2010)、福托普洛斯(Fotopoulos,2014)使用了类似的指标来度量创业活动。此外,考虑到企业进入率可能并不能代表创业活动的全部内容,文章还使用了新生的企业个数与个人的创业概率作为稳健性检验。利用企业开业年份信息,定义 2004 年之后成立的企业是新生企业。个人是否正在从事创业活动的信息来自 2010 年中国综合社会调查(CGSS)中的城镇样本⑥。与文献一致(阮荣平等,2014;陈刚,2015),将"自己是老板(或者是合伙人)""个体工商户""自由职业者"三类受访者视为创业,这近似于国外学者使用的自我雇佣指标。

(2) 市场潜能

理论模型中的市场潜能(mp)又被称为真实或结构化市场潜能,由运输成本、价格指数和支出水平三个部分构成。关于市场潜能的测度有不同的方法,如哈里斯(Harris,1954)、雷丁(Redding et al.,2004)、汉森(Hanson,2005)等的方法。这里采用哈里斯(Harris)市场潜能,主要基于以下考虑:首先,结构化市场潜能在计算中需要考虑地区之间以及地区内部的贸易成本,但是国家内部的贸易成本以及市场价格指数数据往往并不可得,且尚没有令人足够信服的方法来克服这一问题(Combes et al.,2015b);其次,结构化市场潜能同时考虑了本地与周边地区的经济规模加总效应,这在一定程度上增加了处理内生性的难度,而仅考虑周边地区的哈里斯(Harris)市场潜能则相对减轻了这一问题;最后,布雷恩利希(Breinlich,2006)、海德等(Head et al.,2006)的研究均发现,就解释力度而言,哈里斯(Harris)市场潜能与结构化市场潜能差别不大。

哈里斯(Harris)市场潜能等于邻近地区市场购买力的加权平均和,权数与距离成反比关系,表达式为

$$mp_i = \sum_{j \neq i} \frac{GDP_j}{dis_{ij}} \quad (3-21)$$

其中,GDP_j 表示 j 地区 2004 年的国内生产总值;dis_{ij} 表示地区 i 和 j 之间的地理距离。

地理距离的计算可通过如下步骤:第一,利用国家基础地理信息系统 1∶400 万中国地图,提取每个县市的经度坐标(α_i,α_j)与纬度坐标(β_i,β_j);第二,代入大圆距离计算公式 $R \times \arccos[\cos(\alpha_i - \alpha_j)\cos\beta_i \times \cos\beta_j + \sin\beta_i \times \sin\beta_j]$ 得出,其中 R 是地球半径,约等于 6 371 km。总共需要计算 400 多万(2 210×2 209)个距离。采用地理距离的原因在于,与交通距离相比,地理距离不随时间变化,确保了相对外生。且就平均意义而言,地理距离与交通距离高度相关(Combes et al.,2005b)。

此外,以往文献关于哈里斯(Harris)市场潜能的具体形式并不统一,争论的焦点在于是否应该包含本地市场规模、国内生产总值能否反映周边地区的消费能力、距离衰减参数应该如何设置等(Hering et al.,2010a,2010b;韩峰等,2012;Baum-Snow et al.,2017;Combes et al.,2015b)。为了论证估计结果不受市场潜能测度方式的影响,我们在稳健性检验中使用了本地市场规模,并用常住人口、社会零售品消费总额、夜间灯光替代国内生产总值(GDP),以及设置不同距离衰减参数的哈里斯(Harris)市场潜能。

总体上,市场潜能的空间分布呈现出沿海到内地圈层递减的格局,即东部沿海地区的市场潜能远远高于内陆地区。市场潜能的最高值集聚分布在长三角地区,环渤海地区、珠三角地区、山东、河南、安徽等形成了市场潜能的次级热点区,最低值则集中于新疆、甘肃、青海的大部分地区以及云南、黑龙江的部分地区。就演化趋势而言,与2004年相比,2008年各个县市的市场潜能均获得了较大的提高,但总体的空间格局依旧保持稳定。也就是说,市场潜能的空间非均匀分布在短期内很难扭转,这是由中国整体的经济地理特征所决定的。

(3) 控制变量

控制一组城市特征变量的目的是减轻遗漏变量偏误。基于以往文献和数据的可得性,本章的控制变量包含以下几类:

① 本地市场和国际市场。鉴于城市规模和密度都会产生集聚经济效应,本章分别用人口密度(den,县市人口除以行政区面积)、行政区面积($area$)表示本地市场,用到最近海港的距离(dis)测度国际市场对创业活动的影响[9]。本地市场、国际市场以及市场潜能反映的周边市场三者相关性较高,只有同时控制了本地市场和国际市场,才能得到比较准确的市场潜能估计系数。

② 劳动生产率。由于统计年鉴中县市层面的人均国内生产总值(GDP)数据不准确,因此用城镇职工平均工资($wage$)来反映。劳动生产率高的地方往往增加了接近大市场与创业的机会。当然,工资本身也代表了企业的用工成本,而较高的用工成本可能抑制了创业活动,因此工资的最终效应取决于两者之间的权衡。

③ 人力资本,用第五次全国人口普查的平均受教育年限(edu)表示。人力资本(特别是教育)对创业的影响存在不确定性(陆铭等,2015)。受教育水平越高,越有利于发挥知识溢出的外部性,利用各种信息发现并捕捉商机的能力越强,此时对创业的影响很可能显著为正。同时,也存在降低创业动机的可能性,因为较高的受教育水平往往也会带来丰厚的劳动报酬。

④ 基础设施,分别用人均固定资产投资(inv)和每万人医院卫生院床位数(bed)表示。完善的基础设施,有利于拓展与周边市场的联系,同时保证了创业活动所需的基础条件。

⑤ 大企业占比,用大于100人的企业就业人数占地区总就业的比重(big)表示。控制该变量是为了论证中国是否也存在"奇尼茨(Chinitz)效应",即规模较大的企业更趋向于将经济活动内包,较少依赖外部独立的中间供应商,从而阻碍了创业活动的发展(Chinitz,1961)。

⑥ 国有企业占比,用国有企业就业人数占地区总就业的比重(soe)表示。根据企业的登记注册类型,这里将"国有、国有联营、国有与集体联营、国有独资公司"定义为国有企业。国有企业占比越高,往往代表行政干预越强,不利于形成公平竞争的市场环境,增加了其他企业的市场进入成本。因此,国有企业占比在一定程度上可以捕捉理论模型中的地区固定成本,

其测度的是包含市场进入、制度、文化等在内的广义成本。

⑦ 城市等级虚拟变量，统一用 urban 表示。为控制不同等级城市的异质性，用 urban1 表示高等级城市（直辖市、副省级城市和省会城市），urban2 表示一般地级市，县域作为参照组。表 3-1 给出了相关变量的描述性统计[10]。

表 3-1 变量的描述性统计

变量符号	变量描述	均值	标准差	最小值	最大值
$lnenter$	企业进入率对数	3.07	0.76	0.99	6.27
$lnmp$	哈里斯（Harris）市场潜能对数	5.31	0.43	3.85	6.23
$lnden$	人口密度对数	3.63	1.64	−3.21	8.51
$lnarea$	行政区面积对数	7.65	0.96	3.91	12.20
$lndis$	到最近海港距离对数	5.96	1.08	0.63	8.19
$lnwage$	城镇职工平均工资对数	9.35	0.29	7.88	10.39
$lnedu$	平均受教育年限对数	1.96	0.20	0.39	2.41
$lninv$	人均固定资产投资对数	7.75	0.99	4.47	11.10
$lnbed$	每万人医院卫生院床位数对数	2.95	0.56	1.19	5.00
big	大企业占比	55.35	18.21	0.00	99.73
soe	国有企业占比	29.86	16.26	0.00	100.00
$urban1$	高等级城市	0.02	0.12	0.00	1.00
$urban2$	一般地级市	0.11	0.32	0.00	1.00

（4）市场潜能与创业活动的相关性

在开始模型估计之前，为了直观显示市场潜能与创业活动的相关关系，我们给出了两者的散点图，如图 3-1 所示。

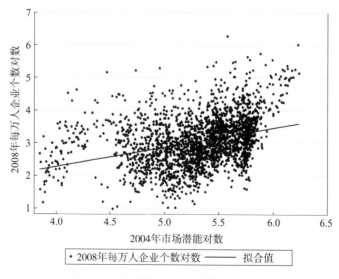

图 3-1 市场潜能与企业进入率散点图

图 3-1 的横轴表示 2004 年县市层面的市场潜能对数,纵轴表示 2008 年每万人企业个数对数。可以发现两者存在显著的正相关关系,即市场潜能较大的县市,每万人企业个数也相对较多。考虑到市场潜能空间集聚分布的稳定性,如果这一因果关系得到证实的话,可以推测,市场潜能导致的创业活动的空间差异将长期存在。

3.3.3 模型估计结果

1) 市场潜能影响创业活动的基准模型

表 3-2 报告了基准模型的普通最小二乘(Ordinary Least Square, OLS)估计结果。通过控制不同的解释变量,观察市场潜能估计系数的变化,以此证明估计结果的稳健性。

表 3-2 市场潜能与创业活动的估计结果

类别	模型(1)	模型(2)	模型(3)	模型(4)	模型(5)
lnmp	0.597 8*** (0.081 7)	0.232 6** (0.102 5)	0.381 1*** (0.044 1)	—	0.373 6*** (0.060 2)
lnden	—	0.146 8*** (0.027 6)	—	0.086 0*** (0.020 2)	0.054 0*** (0.019 8)
ln$area$	—	0.155 7*** (0.036 6)	—	0.099 0*** (0.022 1)	0.129 6*** (0.021 2)
lndis	—	−0.126 5*** (0.033 8)	—	−0.105 3*** (0.021 0)	−0.053 5*** (0.020 2)
ln$wage$	—	—	0.433 4*** (0.065 3)	0.334 3*** (0.065 9)	0.372 8*** (0.062 4)
lnedu	—	—	1.199 3*** (0.122 9)	1.017 1*** (0.125 5)	1.059 7*** (0.118 1)
lninv	—	—	0.204 7*** (0.020 0)	0.221 0*** (0.020 9)	0.207 3*** (0.019 1)
lnbed	—	—	0.502 6*** (0.032 5)	0.491 6*** (0.031 3)	0.530 2*** (0.031 0)
big	—	—	−0.001 6** (0.000 8)	−0.002 7*** (0.000 8)	−0.002 5*** (0.000 8)
soe	—	—	−0.005 1*** (0.001 0)	−0.006 7*** (0.001 2)	−0.005 2*** (0.001 0)
$urban$	NO	YES	YES	YES	YES
常数项 ($cons$)	−0.106 3 (0.436 8)	0.787 6 (0.783 4)	−8.158 8*** (0.712 6)	−5.266 1*** (0.710 1)	−8.193 7*** (0.834 4)

续表 3-2

类别	模型(1)	模型(2)	模型(3)	模型(4)	模型(5)
样本数(N)/个	2 210	2 210	2 210	2 210	2 210
拟合优度(R^2)	0.114 0	0.348 2	0.730 0	0.724 7	0.742 6

注：括号中给出的是聚类到地级市的稳健标准误。***、**、* 分别表示在1％、5％和10％水平上显著。NO表示不控制；YES表示控制。下同。

当估计方程只包含市场潜能时，模型(1)显示，市场潜能的估计系数在1％的显著性水平上为正，且市场潜能对企业进入率的弹性约为0.60，这表明市场潜能显著提升了地区的创业活动。也就是说，创业活动应该选择布局在市场潜能较大的地方，这样更有利于接近消费者和中间供应商，从而利用规模经济效应。然而，从全国来看，市场潜能较大的地方往往是大城市及其周边地区，这些地区距离海岸线也较近，因此为剥离市场潜能测度的周边市场效应。模型(2)给出了在控制人口密度和行政区面积、到最近海港距离之后的结果，此时市场潜能依旧在1％的显著性水平上为正，只不过估计系数从0.597 8下降为0.232 6。当控制了其他影响因素之后，单独考虑市场潜能、本地市场与国际市场效应时，模型(3)、模型(4)表明周边市场、本地市场和国际市场对于创业活动而言都是重要的。因此，应该同时控制这三类市场。模型(5)是控制了所有解释变量之后的估计结果，也是本章的基准模型。可以发现，市场潜能依旧是影响创业活动的重要因素，平均而言，市场潜能每提高1％，企业进入率大约提高0.37％。与模型(4)相比，当控制了市场潜能之后，规模(即密度)的弹性系数由0.086下降为0.054，这表明遗漏市场潜能变量将高估本地市场对于创业活动的效应。

此外，模型(5)显示创业活动的其他影响因素均符合我们的预期。在"共享""匹配""学习"的集聚经济效应作用下，人口密度和规模均显著提升了县市层面的创业活动。中国经济的外向型特色明显，邻近港口有利于降低运输成本，因此吸引了较多的企业进入。此外，城镇职工平均工资、平均受教育年限、人均固定资产投资与每万人医院卫生院床位数的估计系数显著为正，表明劳动生产率、人力资本、基础设施较高的地方提供了创业活动所需的基础条件、人才资源与公共服务，从而有利于企业的进入。进一步来看，我们的研究也证实了中国县市层面存在"奇尼茨(Chinitz)效应"。大企业占比多的地方，容易形成独立且垂直的生产分工体系，较少依赖外部供应商，这就决定了新企业的进入比较困难。同时，大企业大量低自主性、单一、重复性的工作任务阻碍了企业家个性特征的培育。罗森塔尔等(Rosenthal et al.，2010)用"小企业、大效应"表达小企业对于创业活动的重要性。而国有企业的垄断地位则增加了企业的进入成本，不利于培育公平竞争的创业环境，这也论证了国有企业改革对于大众创业的重要性，这与倪鹏途等(2016)的结论一致。

2) 改变市场潜能的测度形式

为了论证基准模型所得结论不受市场潜能测度形式的影响,我们参考了以往文献(Hering et al.,2010b;韩峰等,2012)。表 3-3 报告了不同形式的市场潜能估计结果。

首先,由于哈里斯(Harris)市场潜能计算中忽视了本地市场的影响,从而低估了大城市的市场潜能。这些城市的本地市场规模往往较大,而周边的市场容量则相对较小。由于邻近大市场,特大城市周边地区的市场潜能往往超过了特大城市,如北京、上海等。为了消除这种偏误,我们在哈里斯(Harris)市场潜能计算中加入了本地的市场规模,用本地的国内生产总值除以内部距离①表示(Head et al.,2004),模型(1)报告了包含本地的市

表 3-3 变换市场潜能的估计结果

类别	模型(1) 包含本地	模型(2) 人口规模	模型(3) 零售总额	模型(4) 夜间灯光	模型(5) $GDP/dis^{1.5}$	模型(6) GDP/dis^2
$\ln mp$	0.384 3*** (0.060 3)	0.200 0*** (0.063 5)	0.356 3*** (0.060 2)	0.355 9*** (0.064 9)	0.252 8*** (0.038 4)	0.169 0*** (0.027 9)
$\ln den$	0.048 4** (0.020 0)	0.072 7*** (0.020 7)	0.056 4*** (0.019 9)	0.070 2*** (0.019 5)	0.048 2** (0.020 0)	0.048 9** (0.020 6)
$\ln area$	0.126 9*** (0.021 1)	0.125 7*** (0.022 4)	0.129 1*** (0.021 3)	0.135 9*** (0.021 1)	0.134 5*** (0.021 3)	0.139 0*** (0.021 4)
$\ln dis$	−0.051 3** (0.020 2)	−0.094 4*** (0.019 8)	−0.057 9*** (0.020 2)	−0.059 4*** (0.020 0)	−0.046 1** (0.020 6)	−0.051 8** (0.021 0)
$\ln wage$	0.367 7*** (0.062 2)	0.360 9*** (0.065 8)	0.371 6*** (0.063 0)	0.419 6*** (0.065 5)	0.367 4*** (0.062 2)	0.358 5*** (0.062 8)
$\ln edu$	1.064 8*** (0.117 6)	1.056 0*** (0.124 7)	1.053 2*** (0.117 8)	1.021 1*** (0.115 8)	1.056 3*** (0.116 2)	1.037 7*** (0.115 2)
$\ln inv$	0.205 5*** (0.019 0)	0.219 5*** (0.020 2)	0.210 9*** (0.019 3)	0.204 5*** (0.019 6)	0.205 2*** (0.019 0)	0.206 4*** (0.019 1)
$\ln bed$	0.529 1*** (0.031 0)	0.521 7*** (0.032 0)	0.531 4*** (0.031 2)	0.518 0*** (0.030 9)	0.531 3*** (0.031 0)	0.527 8*** (0.031 0)
big	−0.002 4*** (0.000 8)	−0.002 6*** (0.000 8)	−0.002 5*** (0.000 8)	−0.002 8*** (0.000 8)	−0.002 7*** (0.000 8)	−0.002 9*** (0.000 8)
soe	−0.005 2*** (0.001 0)	−0.006 1*** (0.001 1)	−0.005 4*** (0.001 0)	−0.005 5*** (0.001 0)	−0.004 9*** (0.001 0)	−0.004 8*** (0.001 0)
$urban$	YES	YES	YES	YES	YES	YES
常数项($cons$)	−8.178 4*** (0.822 5)	−6.927 3*** (0.888 6)	−7.679 4*** (0.803 5)	−7.619 5*** (0.802 4)	−6.762 8*** (0.714 6)	−5.970 7*** (0.689 1)
样本数(N)/个	2 210	2 210	2 210	2 210	2 210	2 210
拟合优度(R^2)	0.743 4	0.730 1	0.741 1	0.739 8	0.744 0	0.741 4

场潜能估计结果。可以发现,此时市场潜能的估计系数仍显著为正,只不过系数稍微上升。

其次,考虑到国内生产总值测度市场容量可能存在一定偏差,我们分别使用人口规模、社会消费品零售总额、夜间灯光替换国内生产总值(GDP),重新计算哈里斯(Harris)市场潜能,相关估计结果见模型(2)至模型(4)。使用这些指标的原因在于,人口规模反映了潜在的消费需求和消费能力,社会消费品零售总额更加接近真实的消费购买力,夜间灯光则可以相对避免国内生产总值(GDP)的统计误差与行政区划调整的影响。其中,夜间灯光数据来自美国国家海洋和大气管理局(National Oceanic and Atmospheric Administration,NOAA)网站,其报告了地球上每个 $30''\times 30''$ 的栅格单元上取值范围为 0—63 的灯光亮度[12]。由模型(2)至模型(4)可知,市场潜能的估计系数依旧在1%的显著性水平上为正,零售总额和夜间灯光下的估计系数比较接近基准模型,而人口规模计算的市场潜能则相对较小,这在一定程度上表明人口规模的集聚程度小于经济规模的集聚。

最后,以往研究指出,哈里斯(Harris)市场潜能的距离衰减参数应该设定在 1—2 的区间之内(Kamal et al.,2012;韩峰等,2012;Baum-Snow et al.,2017),这里分别给出了参数取 1.5[见模型(5)]以及最大值 2[见模型(6)]的估计结果。可以发现,随着距离衰减参数的增大,供给周边市场所需的运输成本随之提高,导致市场潜能的估计系数从 0.252 8 减小为 0.169 0,但依旧显著为正。总之,以上模型显示,改变市场潜能的测度形式并不会影响基准模型的结果,市场潜能的估计系数依旧显著为正,从而论证了基准模型结论的稳健性,即创业活动应该布局在市场潜能较大的地方。

3) 改变创业活动的测度指标

(1) 新生企业数

前文基准模型使用了企业进入率来测度创业活动,虽然被解释变量表示 2008 年每万人的企业个数,解释变量滞后到 2004 年,但仍存在 2008 年在位的企业其实是 2004 年之前成立的可能性,此时源自反向因果导致的内生性问题将使得市场潜能的参数估计不准确。为了克服这一问题,参考以往文献(Glaeser et al.,2009b;Rosenthal et al.,2010),将被解释变量变换为新生企业的个数,即 2004 年之后成立的企业个数[13]。由于企业个数属于非负整数,传统的普通最小二乘(OLS)估计将不再适用,基于新生企业数的期望与方差之间的关系,是选择采用泊松(Possion)分布还是负二项(Negative Binomial,NB)分布估计模型,相关估计结果见表 3-4。

泊松分布假设期望与方差一定相等,被称为"均等分散",但这个特征往往与现实数据不符。如果解释变量的方差明显大于期望,即存在"过度分散",此时负二项分布是一致的估计。根据统计分析软件 Stata 提供的似然比(LR)检验可确定应该选用何种估计类型,其原假设为"不存在过度分

表 3-4 市场潜能与新生企业数的估计结果

类别	2004 年之后成立		2008 年成立	
	模型(1)泊松	模型(2)负二项分布	模型(3)泊松	模型(4)负二项分布
$\ln mp$	0.616 7*** (0.105 1)	0.690 9*** (0.047 1)	0.460 5*** (0.121 2)	0.521 9*** (0.087 3)
$\ln den$	0.681 9*** (0.040 6)	0.738 1*** (0.021 5)	0.629 0*** (0.050 0)	0.699 0*** (0.035 5)
$\ln area$	0.888 6*** (0.033 8)	0.840 0*** (0.022 9)	0.809 2*** (0.041 0)	0.797 8*** (0.037 7)
$\ln dis$	−0.053 0** (0.026 3)	−0.016 5 (0.014 0)	−0.046 1 (0.032 0)	−0.032 3 (0.032 1)
$\ln wage$	0.566 0*** (0.106 8)	0.434 6*** (0.056 7)	0.655 5*** (0.121 8)	0.482 9*** (0.130 1)
$\ln edu$	0.335 3 (0.359 7)	0.622 3*** (0.098 9)	0.090 6 (0.454 4)	0.465 1*** (0.176 1)
$\ln inv$	0.196 6*** (0.041 3)	0.113 8*** (0.017 4)	0.246 3*** (0.051 2)	0.164 9*** (0.036 1)
$\ln bed$	0.184 9** (0.091 5)	0.058 2* (0.030 9)	0.157 0 (0.107 6)	0.075 4 (0.057 4)
big	−0.003 2* (0.001 7)	−0.001 6* (0.001 0)	−0.003 4 (0.002 1)	−0.002 7** (0.001 3)
soe	−0.015 6*** (0.002 3)	−0.011 9*** (0.001 2)	−0.015 3*** (0.002 8)	−0.012 3*** (0.001 6)
$urban$	YES	YES	YES	YES
常数项($cons$)	−13.670 9*** (1.644 4)	−12.634 5*** (0.688 7)	−14.272 5*** (1.869 0)	−13.239 5*** (1.496 3)
似然比(LR)检验	—	0.242 5 [0.226 5,0.259 6]	—	0.321 5 [0.289 1,0.357 5]
样本数(N)/个	2 210	2 210	2 210	2 210
对数似然(log-likelihood)	−204 950.080	−14 504.029	−63 002.732	−11 409.282

注:[ ]内为 95% 的置信区间。下同。

散,应使用泊松回归"(陈强,2014)。模型(2)的似然比(LR)检验拒绝了原假设,此时应该选择负二项分布,为了比较,我们也给出了泊松分布的结果,见模型(1)。不管是泊松还是负二项分布,市场潜能的估计系数均在 1% 的显著性水平上为正,这表明新生企业趋向于在市场潜能较大的地方选址,从而再次证明了基准模型结论的稳健性。此外,当我们把新生企业更加严格限定为 2008 年成立的企业时,估计结果依旧保持不变[模型(3)、模型(4)],只不过市场潜能的估计系数有所下降。

(2) 个人创业概率

前文主要从企业进入的角度论证了地区的创业活动,这也是本章一个可能的创新点。然而,考虑到创业活动往往是个人特征与地区条件相互作用的结果,同时为了与以往的创业指标保持一致(阮荣平等,2014;陈刚,2015;倪鹏途等,2016),我们进一步使用个人的创业概率来论证基准模型结论的稳健性。微观个人的数据来自 2010 年中国综合社会调查(CGSS)的城镇样本,根据个人工作类型信息定义"自己是老板(或者是合伙人)""个体工商户""自由职业者"三类受访者为企业家。关注的重点在于,当控制了一系列个人特征影响因素之后,论证地区层面的市场潜能是否能够提高个人的创业概率?为此,我们设定了如下的二元选择概率(Probit)计量模型:

$$Prob(创业\ ij = 1) = \phi(\beta_1 市场潜能\ ij + \beta_2 个人\ ij + \beta_3 城市\ ij + \delta i) \quad (3-22)$$

其中,i 和 j 分别表示第 i 个城市中的个人 j;ϕ 表示标准正态分布函数;β 表示估计系数;δ 表示固定效应。被解释变量是哑变量,如果个人正在从事创业活动,则赋值为 1,反之赋值为 0。方程的右边除了关键解释变量市场潜能之外(数据与基准模型一致),我们还控制了个人特征和其他的城市变量。其中,个人特征包含:男性哑变量($male$),其中,男性赋值为 1;年龄(age)及其平方项(age^2);汉族哑变量(han),汉族赋值为 1,其他民族赋值为 0;个人受教育年限(edu);政治面貌哑变量($party$),其中,中共党员赋值为 1;城镇户籍哑变量($hukou$),其中,城镇户籍赋值为 1;婚姻状况哑变量(mar),其中,有配偶赋值为 1,这里将同居、已婚和分居均视为有配偶;受访前一年收入水平($income$)。其他的城市特征变量统一用 $city$ 表示,限于篇幅,模型中仅作为控制变量处理。相关估计结果见表 3-5。

表 3-5 报告了市场潜能对个人创业概率的二元选择概率(Probit)模型估计结果,估计系数显示的是各个解释变量的边际效应,即边际系数。模型(1)仅包含个人特征影响因素,模型(2)加入了关键解释变量市场潜能,模型(3)则是控制了所有解释变量的估计结果。模型(2)中市场潜能的估计系数为 0.046 0,且通过了 1% 的显著性水平检验。这表明,平均而言,地区的市场潜能每增加 1%,个人的创业概率将大约提高 4.6 个百分点。即便控制了城市层面的其他影响因素之后,市场潜能依旧显著为正,只不过估计系数有所下降,变为 0.033 1[见模型(3)]。这进一步论证了基准模型的结论,即市场潜能越大的地方其个人创业的概率越高。经过计算,样本中自我雇佣类型(包含个体工商户和自由职业者)的创业占据主体地位,达到 79.06%,这表明我国的创业仍处于初期阶段。模型(4)进一步报告了市场潜能对自我雇佣的影响,估计系数依旧显著为正,即市场潜能也提高了自我雇佣的可能性。就个人特征而言,模型初步显示少数民族、非中共党员、外地户籍、个人收入水平显著提高了个人的创业概率,这与以往的结论类似。

表 3-5 市场潜能与个人创业概率的估计结果

类别	模型(1) 全部	模型(2) 全部	模型(3) 全部	模型(4) 自我雇佣
$\ln mp$	—	0.046 0*** (0.016 2)	0.033 1** (0.015 6)	0.032 0** (0.014 4)
$male$	0.013 2 (0.016 0)	0.015 1 (0.015 9)	0.016 1 (0.016 1)	0.007 1 (0.014 3)
age	0.000 7 (0.002 6)	0.000 9 (0.002 6)	0.001 2 (0.002 5)	0.000 7 (0.002 1)
age^2	−0.000 0 (0.000 0)	−0.000 0 (0.000 0)	−0.000 0 (0.000 0)	−0.000 0 (0.000 0)
han	−0.038 4 (0.027 4)	−0.050 3* (0.028 1)	−0.054 1** (0.026 2)	−0.036 6 (0.024 7)
edu	−0.000 0 (0.002 1)	−0.000 3 (0.002 1)	−0.000 3 (0.002 0)	−0.002 4 (0.001 7)
$party$	−0.082 6*** (0.028 0)	−0.081 4*** (0.028 4)	−0.082 1*** (0.028 3)	−0.057 6*** (0.021 5)
$hukou$	−0.039 0** (0.015 9)	−0.042 0*** (0.015 8)	−0.041 9*** (0.016 1)	−0.028 9* (0.014 9)
mar	−0.003 7 (0.018 7)	−0.002 6 (0.018 9)	−0.002 4 (0.019 2)	−0.009 5 (0.015 4)
$\ln income$	0.002 9** (0.001 4)	0.002 9** (0.001 3)	0.002 6** (0.001 3)	0.002 6** (0.001 1)
$city$	NO	NO	YES	YES
样本数(N)/个	2 146	2 146	2 146	2 146
伪拟合优度(Pseudo R^2)	0.080 2	0.087 2	0.099 8	0.089 7

4) 内生性的处理

以上表明,即便使用不同类型的测度指标,市场潜能显著提升创业活动的结论也相当稳健。接下来,我们处理市场潜能可能存在的内生性问题。首先,解释变量滞后到 2004 年,特别是当用新生企业数来度量创业活动时,在一定程度上已经消除了反向因果导致的内生性。其次,哈里斯(Harris)市场潜能度量的是周边加总的市场,理论上也没有证据支撑本地的创业活动会对周边的整体市场形成较大冲击。最后,不同类型的市场潜能相互印证,降低了测量误差的可能性。因此,遗漏与市场潜能相关但又会影响创业活动的变量,成为本章内生性的主要来源。例如,完善的产权保护等制度环境既有利于扩展与周边市场的联系,又是吸引企业进入的重要变量,而这类变量往往很难准确测度。这里使用了两种实证策略克服遗留变量问题,估计结果见表 3-6。

表3-6 考虑市场潜能内生性的估计结果

类别	滞后	工具变量估计			外生性检验					
	模型(1)	模型(2) 全部	模型(3) 0—1 600 km	模型(4) 核心城市	模型(5) 全部	模型(6) 全部	模型(7) 0—1 600 km	模型(8) 0—1 600 km	模型(9) 核心城市	模型(10) 核心城市
					第一阶段					
$centra$	—	0.977 6*** (0.021 2)	0.499 4*** (0.015 4)	0.362 6*** (0.036 7)	—	—	—	—	—	—
F 值	—	2 121.025	1 045.963	97.524	—	—	—	—	—	—
					第二阶段					
$\ln mp$	0.278 7*** (0.064 9)	0.140 8* (0.075 4)	0.132 5* (0.079 2)	0.369 2*** (0.095 8)	1.217 6*** (0.097 3)	—	0.966 2*** (0.090 9)	—	0.375 9*** (0.068 8)	—
$\ln enter_{2004}$	0.190 0*** (0.054 4)	—	—	—	—	—	—	—	—	—
$centra$	—	—	—	—	−1.052 7*** (0.108 2)	0.137 6* (0.075 6)	−0.416 4*** (0.058 7)	0.066 2* (0.040 4)	−0.002 4 (0.039 2)	0.133 9*** (0.041 5)
$\ln den$	0.095 8*** (0.025 7)	0.110 5*** (0.021 1)	0.109 8*** (0.021 4)	0.129 3*** (0.022 2)	−0.008 7 (0.018 3)	0.123 0*** (0.023 3)	0.009 4 (0.018 7)	0.119 2*** (0.023 3)	0.053 9*** (0.020 0)	0.107 7*** (0.021 7)
$\ln area$	0.168 8*** (0.027 1)	0.074 0*** (0.021 5)	0.074 7*** (0.021 6)	0.054 4*** (0.020 4)	0.015 3 (0.021 7)	0.084 8*** (0.020 2)	0.050 9** (0.022 9)	0.085 0*** (0.020 2)	0.129 7*** (0.021 2)	0.084 1*** (0.019 3)
$\ln dis$	−0.051 4*** (0.017 4)	−0.085 8*** (0.022 5)	−0.086 9*** (0.022 6)	−0.054 1** (0.022 7)	0.041 3* (0.021 4)	−0.102 4*** (0.020 0)	−0.004 3 (0.020 1)	−0.100 1*** (0.020 4)	−0.054 3** (0.024 1)	−0.045 3 (0.028 2)

续表 3-6

类别	滞后	工具变量估计					外生性检验			
	模型(1)	模型(2)	模型(3)	模型(4)	模型(5)	模型(6)	模型(7)	模型(8)	模型(9)	模型(10)
		全部	0—1 600 km	核心城市	全部	全部	0—1 600 km	0—1 600 km	核心城市	核心城市
lnwage	0.297 0***	0.348 8***	0.347 9***	0.372 3***	0.349 5***	0.348 7***	0.405 9***	0.338 7***	0.373 3***	0.318 3***
	(0.064 2)	(0.064 6)	(0.065 3)	(0.062 7)	(0.057 2)	(0.066 4)	(0.054 6)	(0.066 3)	(0.062 9)	(0.064 9)
lnedu	0.978 7***	1.033 2***	1.032 2***	1.059 2***	0.991 5***	1.038 6***	0.925 9***	1.049 1***	1.061 0***	0.961 5***
	(0.124 6)	(0.121 0)	(0.121 2)	(0.117 8)	(0.100 6)	(0.125 3)	(0.105 6)	(0.126 3)	(0.120 1)	(0.121 7)
lninv	0.197 8***	0.215 9***	0.216 2***	0.207 5***	0.179 1***	0.220 7***	0.175 6***	0.222 6***	0.207 4***	0.213 1***
	(0.020 1)	(0.020 2)	(0.020 3)	(0.018 8)	(0.017 5)	(0.020 6)	(0.017 3)	(0.020 8)	(0.019 0)	(0.020 0)
lnbed	0.497 9***	0.506 1***	0.505 3***	0.529 7***	0.487 3***	0.508 6***	0.506 7***	0.505 0***	0.530 1***	0.509 5***
	(0.029 8)	(0.030 9)	(0.031 1)	(0.030 7)	(0.029 4)	(0.031 8)	(0.029 9)	(0.031 8)	(0.030 9)	(0.031 0)
big	−0.001 5*	−0.002 6***	−0.002 6***	−0.002 5***	−0.002 1***	−0.002 7***	−0.001 9***	−0.002 8***	−0.002 5***	−0.002 5***
	(0.000 8)	(0.000 8)	(0.000 8)	(0.000 8)	(0.000 7)	(0.000 8)	(0.000 7)	(0.000 8)	(0.000 8)	(0.000 8)
soe	−0.002 6***	−0.006 2***	−0.006 2***	−0.005 2***	−0.004 5***	−0.006 4***	−0.004 7***	−0.006 4***	−0.005 2***	−0.006 4***
	(0.001 0)	(0.001 1)	(0.001 1)	(0.001 1)	(0.000 9)	(0.001 2)	(0.001 0)	(0.001 2)	(0.001 0)	(0.001 1)
urban	YES	YES	YES	YES	YES	YES	YES	YES	YES	YES
常数项 (cons)	−8.125 7***	−6.369 1***	−6.304 3***	−8.158 6***	−10.460 8***	−5.834 2***	−10.327 7***	−5.664 8***	−8.224 1***	−4.579 4***
	(0.786 5)	(0.897 0)	(0.943 2)	(1.025 2)	(0.771 2)	(0.765 5)	(0.773 0)	(0.756 7)	(0.946 0)	(0.718 2)
样本数 (N)/个	2 210	2 210	2 210	2 210	2 210	2 210	2 210	2 210	2 210	2 210
拟合优度 (R^2)	0.758 1	0.735 6	0.735 1	0.742 6	0.767 9	0.726 6	0.761 0	0.726 2	0.742 5	0.730 5

注：核心城市的工具变量等于到三大核心城市（北京，上海，深圳）最近距离的倒数取对数。F 值是 F 检验的统计值，F 检验即方差齐性检验；centra 表示地理中心度。下同。

第一,在自变量中加入滞后的被解释变量,即 2004 年每万人的企业个数($enter_{2004}$),以便尽可能控制那些不随时间变化的因素,如制度、文化、地理特征等。模型(1)显示,当控制了 2004 年的企业进入率之后,市场潜能仍旧是影响创业活动的重要因素,只不过弹性系数由基准模型的 0.373 6 下降为 0.278 7。此外,2004 年企业进入率显著为正表明,创业活动具有路径依赖的特征,2008 年企业进入率较高的地方往往是 2004 年发展较好的地方。其他变量的估计基本上保持不变。

第二,采用工具变量估计的方法尽可能地减轻遗漏变量偏误。工具变量要求与市场潜能相关且只能通过市场潜能影响创业活动。模型(2)至模型(4)给出了三个备选工具变量的估计结果,下面将分别讨论其是否满足相关性和外生性标准。模型(2)采用文献中经常使用的地理中心度($centra$)作为市场潜能的工具变量(Head et al.,2004;刘修岩,2009), $centra_i = \ln \sum_{j \neq i} d_{ij}^{-1}$,其等于任意两地之间距离倒数之和的自然对数。构造方式的相似性(分母相同)决定了中心度与市场潜能具有天然的相关性。由模型(2)第一阶段估计可知,中心度对市场潜能的估计系数达到 0.977 6,且第一阶段的 F 值高达 2 121.025,远远超过了通常取 10 的临界标准。如此强的相关性不得不让人怀疑两者很有可能代表相同的内容,如果真是这样,极有可能违背了工具变量的外生性条件。模型(5)的估计结果证实了这一点,我们把地理中心度作为控制变量直接进入基准模型,估计显示中心度显著为负,这表明中心度可能存在影响创业活动的其他路径。事实上,中心度较高的地方往往位于国家的几何中心,这些地方不仅具有接近周边市场的便利条件,而且与其他因素密切相关,如舒适度等,而这些因素会直接影响企业的进入。模型(6)报告了仅考虑中心度的估计结果,显著为正的估计系数表明相对中心的区位直接促进了企业进入。结合模型(5)、模型(6)可知,市场潜能并非地理中心度影响创业活动的唯一路径,即工具变量的外生性条件并不满足。因此,至少就市场潜能对创业活动的影响而言,地理中心度或许并不是一个好的工具变量。进一步来看,考虑到市场潜能高的地方并不一定位于整个中国的几何中心,而很有可能是区域性的中心。那么,我们是否可以推断,一定地理范围内的中心度是一个符合要求的工具变量?以 1 600 km 范围内的中心度为例[14],模型(3)、模型(7)、模型(8)给出了相关的估计结果。可以发现,虽然满足相关性的要求,但将中心度作为控制变量直接进入基准模型时,其依旧显著为负,因此外生性条件并不满足。以上表明,对于创业活动而言,无论是全国还是在一定地理范围内的中心度都不是一个好的工具变量。

市场潜能所呈现的沿海到内陆的圈层递减格局,促使我们想到使用距离三大核心城市(北京、上海、深圳)的远近作为市场潜能的工具变量,即等于对到三大核心城市最近距离的倒数取对数(也用 $centra$ 表示)[15]。距离核心城市越近,越容易受到空间溢出效应的影响,因此市场潜能越大。同时,由于基准模型已经控制了到最近海港的距离,这就意味着距离核心城市远近所表征的运输成本优势已经有所体现,加之地理距离不随时间变化,因此提高了满足外生性标准的可能性。模型(4)、模型(9)、模型(10)的估计结果证实了我们的猜测。模型(4)显示,到核心城市的最近距离对市场潜能的估计系数显著为正,且第一阶段97.524的F值满足工具变量的相关性标准。同时,模型(9)、模型(10)显示,虽然最近距离可以直接影响创业活动[见模型(10)],但如果控制内生变量(市场潜能)之后,最近距离对创业活动就不再具有显著性的影响[见模型(9)],即控制了其他影响因素之后,到核心城市的最近距离可能仅通过市场潜能来影响创业活动。因此,我们认为,就市场潜能影响创业活动而言,到核心城市的最近距离是相对理想的工具变量[16]。

模型(4)的工具变量估计显示,市场潜能显著提升了地区的创业活动,且此时市场潜能的估计系数0.369 2与基准模型最为接近0.373 6。这表明,一方面,市场潜能的内生性可能并不是一个严重的问题;另一方面,即便考虑到市场潜能的内生性,基准模型所得结论还是稳健的,即在市场潜能大的地方创业更有效率。

5)市场潜能对不同分位点创业活动的影响

前文已经稳健地证明了市场潜能是创业活动空间差异的重要原因,那么,对于创业活动处于不同水平的地区而言,市场潜能的影响是否具有异质性?为了回答这一问题,我们对基准模型采用分位数回归估计,重点关注市场潜能的估计系数随不同分位点的变化趋势,结果见表3-7。为节省空间,这里只报告了市场潜能的估计系数和标准误,其他的控制变量与基准模型一致。

表3-7 分位数的估计结果

类别	模型(1) $q=15$	模型(2) $q=30$	模型(3) $q=45$	模型(4) $q=60$	模型(5) $q=75$	模型(6) $q=90$
$\ln mp$	0.481 3*** (0.068 7)	0.433 4*** (0.061 9)	0.414 6*** (0.060 0)	0.386 0*** (0.062 0)	0.334 3*** (0.065 5)	0.201 2*** (0.073 7)
$city$	YES	YES	YES	YES	YES	YES
样本数(N)/个	2 210	2 210	2 210	2 210	2 210	2 210
拟合优度(R^2)	0.741 1	0.741 9	0.742 6	0.743 6	0.741 8	0.737 7

注:$q=15$表示创业活动处于15%分位点的估计结果,以此类推。

可以发现,市场潜能的增加对所有分位点的创业活动均起到了显著的促进作用,因此处于不同水平的创业活动地区从市场潜能的增加中普遍受益。然而,随着分位数的提高,市场潜能的估计系数逐渐下降。相对于高创业活动地区而言,市场潜能对创业处于最低15%地区的促进作用显著更大。平均而言,市场潜能每增加 1%,将会使处于最低 15% 地区的创业活动增加约 0.48%,而对处于 90 分位点地区的创业活动仅增加约 0.20%。这表明,市场潜能对于低创业活动地区的促进作用更加显著。可能的解释是,对于低创业活动地区而言,经济发展水平往往较低,本地市场规模相对有限,导致对周边市场的依赖性较强。而创业活动高度发达的地区可能更加关注制度、文化、消费偏好等影响因素,加之本地的市场规模已经足够大,此时市场潜能可能不是最重要的因素。当然,这些都只是猜测,需要进一步的实证检验。这一发现的政策含义在于,对于中国广大的中西部地区而言,其创业活动往往起步较晚,更应该选择在市场潜能较大的地方即大城市及其周边地区创业,而不是遍地开花式的布局,这样可以更好地发挥空间效率。

3.4 进一步实证:地理衰减效应

3.4.1 市场潜能对创业活动的地理衰减效应

1) 基准模型

前文在论证市场潜能对创业活动影响时,假设任何一个县市的产品均有可能覆盖到全国市场。因此,市场潜能的计算考虑了除自己之外的所有样本,即 2 209 个邻居。然而,从理论上来看,受制于企业规模、技术水平、产品类型、运输成本等异质性影响,企业服务的市场需求是存在地理边界的。对于规模较大的企业而言,其产品可以满足相对更远距离的市场;而对于规模较小的企业而言,其所满足的市场需求往往是近距离的,甚至仅局限于本地需求。一般而言,受制于运输成本等因素,相对较远距离的市场需求而言,近距离的市场对本地的影响更大。也就是说,随着距离的增加,市场潜能的效应可能逐渐减小。虽然通过设置权数与距离成反比关系,市场潜能指标已经体现了地理衰减效应,但却不能解决有效的市场边界问题,因此需要进一步的经验检验。

总体而言,随着距离的增加,市场潜能的估计系数逐渐下降,即市场潜能对创业活动的影响具有地理衰减效应。相对较远距离而言,源自近距离的市场需求关联对本地创业活动的促进作用更加显著。具体来看,在 1 200 km 范围内,市场潜能显著提升了企业进入率,但随着距离的增加,市场潜能的促进作用逐渐减弱。在 400 km 范围内,这种源自市场需求的空间关联对创业活动的影响达到最大值,弹性系数约为 0.09。当考察超过 2 000 km 的市场潜能效应时,市场潜能对创业活动的影响开始显著为负(表 3-8),且随着距离的增加,这种负向作用越来越强烈。此时,市场潜能较大的地方反而不利于本地的创业活动。这表明,有效的市场需求具有一定的地理边界。在企业可承受的运输成本范围内,周边的市场需求起到了吸引企业进入的作用,且这种促进作用在近距离市场影响更大。当超过企业可承受的运输成本之后,企业趋向于选择在距离市场较近的地方布局,这样可以避免长距离的运输成本,此时市场潜能的效应开始由促进变为削弱。例如,对于超过 2 000 km 的圈层而言,市场潜能大的地方往往是中国的内陆边疆县市,这些地方的经济发展水平普遍较低,县级单位中的企业规模也相对较小,能达到如此远的市场空间的企业数肯定越来越少。总之,分圈层市场潜能的估计显示,随着距离的增加,这种源自市场需求的空间关联对创业活动的影响逐渐减弱,且超过一定地理范围后反而不利于本地的创业活动。

本章从研究对象(创业活动)与研究尺度(县市层面)拓展了有关空间外部性的文献。与以往"市场需求遍布全国或者达到 3 000 km"的结论不一致(韩峰等,2012;潘文卿,2012),本章发现超过 2 000 km 的市场潜能将不利于本地的创业活动,原因在于,创业活动对市场的需求极为敏感,且县级单位能够服务的市场空间相对有限。这同时表明,企业应该立足于市场需求的地理边界选择最佳的区位。此外发现,当用新生企业数来测度创业活动时,结果依旧是稳健的。同时,为了保证估计结果不受圈层大小的影响,我们在稳健性检验中还尝试了 300 km 与 500 km 的圈层,发现地理衰减效应依旧存在。限于篇幅,未报告相关的估计结果。

2) 稳健性检验:空间误差模型

利用分圈层的方法,单独估计八个圈层的市场潜能对创业活动的影响,可以比较直观地观察市场潜能随距离的变化趋势,为确定有效的市场边界提供了依据。然而,这种处理方法相对忽视了圈层之间的相互作用,即第一圈层的市场潜能很有可能受到第二圈层的影响。如果真是这样,遗漏其他圈层的影响很有可能使得各圈层市场潜能的估计系数不准确,从而对地理衰减效应产生怀疑。此时,各圈层之间的相互作用极有可能体现在模型的随机误差项上,进而导致误差项之间的空间相关。因此,我们使用空间误差模型重新估计了表 3-8 的结果,以便尽可能减轻遗漏圈层之间相互作用所导致的估计偏误。表 3-9 报告了基于极大似然(Maximum Likelihood,ML)估计的空间误差模型结果,空间权重矩阵等于任何两地之间距离的倒数。

可以发现,当考虑到误差项的空间相关性之后,市场潜能的估计系数依旧随距离的增加而减小,且有效的地理边界与前文保持一致,只不过市场潜能的估计系数均减小了。空间误差系数 λ 显著为正,意味着各地区的创业活动还通过随机误差效应来间接影响其他地区的创业活动。总之,利用空间误差项间接控制了圈层的相互作用之后,前文地理衰减效应的结论依旧是稳健的。

3) 稳健性检验:同时控制圈层变量

接下来,我们采用同时控制各圈层变量的方法,论证地理衰减效应是否依旧存在,估计结果见表 3-10。圈层之间的相互作用导致各圈层的市场潜能高度相关,如果在一个方程中同时控制八个圈层的市场潜能,大多

表 3-8　分圈层市场潜能的估计结果

类别	模型(1) 0—400 km	模型(2) 401—800 km	模型(3) 801—1 200 km	模型(4) 1 201—1 600 km	模型(5) 1 601—2 000 km	模型(6) 2 001—2 400 km	模型(7) 2 401—2 800 km	模型(8) >2 800 km
$\ln mp$	0.088 7*** (0.026 3)	0.078 1*** (0.019 6)	0.052 9** (0.021 8)	0.005 3 (0.023 2)	−0.026 2 (0.025 7)	−0.048 8*** (0.016 6)	−0.065 9*** (0.012 1)	−0.069 1*** (0.024 7)
$city$	YES	YES	YES	YES	YES	YES	YES	YES
样本数(N)/个	2 210	2 210	2 210	2 210	2 210	2 210	2 210	2 210
拟合优度(R^2)	0.731 8	0.731 4	0.728 0	0.724 6	0.725 4	0.728 9	0.736 8	0.728 8

表 3-9　空间误差模型的估计结果

类别	模型(1) 0—400 km	模型(2) 401—800 km	模型(3) 801—1 200 km	模型(4) 1 201—1 600 km	模型(5) 1 601—2 000 km	模型(6) 2 001—2 400 km	模型(7) 2 401—2 800 km	模型(8) >2 800 km
$\ln mp$	0.058 1*** (0.012 6)	0.054 9*** (0.012 5)	0.046 1*** (0.011 9)	0.010 8 (0.011 6)	−0.004 8 (0.012 2)	−0.027 3*** (0.010 3)	−0.053 1*** (0.008 3)	−0.057 6*** (0.014 3)
$city$	YES	YES	YES	YES	YES	YES	YES	YES
λ	0.988 4*** (0.011 6)	0.988 5*** (0.011 5)	0.989 6*** (0.010 4)	0.990 2*** (0.009 8)	0.990 1*** (0.009 9)	0.989 1*** (0.010 9)	0.986 7*** (0.013 3)	0.989 4*** (0.010 6)
样本数(N)/个	2 210	2 210	2 210	2 210	2 210	2 210	2 210	2 210
拟合优度(R^2)	0.731	0.731	0.728	0.725	0.725	0.729	0.737	0.729
对数似然 (log-likelihood)	−980.080 33	−981.118 59	−983.211 76	−990.273 14	−990.628 19	−987.168 28	−970.542 09	−982.624 66

表 3-10 同时控制圈层变量的估计结果

类别	模型(1)	模型(2)	模型(3)	模型(4)	模型(5)
$\ln mp_{0-400}$	0.088 7*** (0.026 3)	0.057 4* (0.029 9)	0.058 6* (0.030 8)	0.060 4** (0.029 1)	0.056 3* (0.029 7)
$\ln mp_{401-800}$	—	0.046 5** (0.022 2)	0.055 7** (0.027 3)	—	0.051 7** (0.023 1)
$\ln mp_{801-1\,200}$	—	—	−0.012 9 (0.032 9)	—	—
$\ln mp_{>400}$	—	—	—	0.168 6* (0.086 7)	—
$\ln mp_{>800}$	—	—	—	—	−0.215 0** (0.086 2)
$city$	YES	YES	YES	YES	YES
样本数(N)/个	2 210	2 210	2 210	2 210	2 210
拟合优度(R^2)	0.731 8	0.733 1	0.733 1	0.733 2	0.735 4

数变量的参数估计都可能因多重共线性而极不稳定,甚至出现反事实的、不可分别解释的估计结果。因此,这里采用折中的处理方法,通过逐一增加各圈层的市场潜能,观察估计系数的变化。

事实上,与本章最密切相关的文献也仅控制了三个圈层的变量(Rosenthal et al., 2010)。作为对照,模型(1)仅考虑了第一圈层的市场潜能。模型(2)显示,当控制前两个圈层时,市场潜能的估计系数均显著为正,但第二圈层 0.046 5 的估计系数明显小于第一圈层的 0.057 4,即表明存在地理衰减效应。同时控制三个圈层时,得到的结论类似见模型(3)。模型(4)、模型(5)则考虑了全部地理范围的市场潜能,$mp_{>400}$、$mp_{>800}$ 分别表示来自 400 km、800 km 之外的市场潜能,这里重点讨论模型(5)。当控制了 800 km 之外的市场潜能影响之后,第一圈层的市场潜能每增加 1%,本地创业活动则提升 0.056 3%,大于第二圈层对创业活动 0.051 7% 的促进作用。总之,同时控制有限的圈层变量,依旧可以得到市场潜能对创业活动的地理衰减效应。

3.4.2 地理衰减效应的进一步考察:企业异质性

前文研究表明,市场潜能大的地方有利于吸引企业的进入。那么,哪种类型的企业对于市场潜能的作用更为敏感?这关乎企业的异质性。本章接下来将重点探讨市场潜能对制造业与服务业、大规模企业与小规模企业的异质性影响。理论上,制造业企业产品的可贸易性较强,对周边市场更为敏感;服务业则主要是满足本地需求,可贸易性较差。与之相类似,大企业由于资金、技术与产品等相对优势,更加注重开发周边市场;而小企业由于生产能力的限制,更加关注本地市场规模。可以预见,市场潜能对于制造业、大企业的进入作用更加显著。为了检验这一假设,我们分别考察了市场潜能对新生的制造业与服务业、大企业与小企业的企业个数的影响,估计结果见表3-11。考虑到新生企业数是非负整数,根据前文的判断标准,我们使用负二项分布回归估计了相关的模型。

表3-11 企业异质性的估计结果

类别	产业结构		企业规模		
	模型(1) 制造业	模型(2) 服务业	模型(3) ≥100人	模型(4) <100人	模型(5) <20人
$\ln mp$	1.188 0*** (0.129 2)	0.402 2*** (0.088 8)	0.981 3*** (0.101 6)	0.506 8*** (0.088 8)	0.340 2*** (0.098 3)
$city$	YES	YES	YES	YES	YES
似然比 (LR)检验	0.392 7 [0.352 8, 0.437 1]	0.301 3 [0.274 9, 0.330 2]	0.321 5 [0.289 1, 0.357 5]	0.332 1 [0.298 4, 0.369 6]	0.329 9 [0.297 0, 0.366 4]
样本数(N)/个	2 210	2 210	2 210	2 210	2 210
对数似然 (log-likelihood)	−12 293.211	−13 474.529	−11 409.282	−11 352.555	−11 356.703

模型(1)、模型(2)报告了市场潜能对2004年之后成立的制造业与服务业企业个数的影响。可以发现,市场潜能极大地促进了制造业企业的进入,估计系数高达1.188 0,而对服务业进入的影响则相对微弱。当市场潜能扩大时,由于制造业企业的可贸易性较强,因此吸引了更多的制造业企业进入。鉴于市场潜能有可能促使企业规模由小变大,因此模型(3)至模型(5)报告的是市场潜能对2008年成立的不同规模企业个数的影响。按照年末就业人员,将大于等于100人定义为大规模企业[见模型(3)],小于100人的是小规模企业[见模型(4)],小于20人作为进一步的稳健性检验[见模型(5)]。需要说明的是,基于数据的可得性,这里假设2008年年末的就业人员约等于其成立时的企业规模,这样相对排除了市场潜能促使企业长大的机制。可以发现,市场潜能有利于吸引大企业进入的猜想也得到了证实。市场潜能对新生大企业个数的影响最大,估计系数达到0.981 3。随着企业规模变小,市场潜能所起的作用逐渐减弱,对于小于20人的新生企业而言,市场潜能的促进作用最为微弱。总之,产业结构与企业规模的异质性分析表明,市场潜能对新生的制造业与大企业的进入作用更加显著,而这一发现也间接论证了市场潜能的地理衰减效应。原因在于,制造业相比服务业贸易性更强,大企业相比小企业更加关注周边市场。

3.5 市场潜能、政府干预与创业活动

前文已经表明,市场潜能是决定一个地方创业活动水平的重要影响因素。然而,这完全是发挥集聚经济规律作用下的结果。现实的情况是,在中国,地方政府的作用不容忽视,且主要体现为政府对经济活动的干预。具体而言,对于市场潜能较小的中西部地区而言,地方政府希冀通过政府干预来提升创业水平的动机与愿望更加强烈。因此,为了论证干预政策的有效性,我们在基准模型中加入政府干预(gov)的变量,并构建市场潜能与政府干预的交互项,重点考察不同的政府干预水平下市场潜能对创业活动的影响,估计结果见表3-12。如果交互项系数显著为负,则表明政府干预反而阻碍了市场潜能的作用,从而论证了政府的不合理干预阻碍了集聚经济效率的发挥。

表3-12 市场潜能、政府干预与创业活动的估计结果

类别	模型(1)	模型(2)	模型(3)
$\ln mp$	0.365 8*** (0.061 1)	0.439 9*** (0.073 4)	0.684 1*** (0.145 6)
gov	−0.003 1* (0.001 8)	0.022 4 (0.014 3)	0.034 7** (0.015 9)
big	−0.002 7*** (0.000 8)	−0.002 7*** (0.000 8)	0.016 5* (0.008 9)
$\ln mp \times gov$	—	−0.005 2* (0.002 9)	−0.007 6** (0.003 2)
$\ln mp \times big$			−0.003 7** (0.0016)
$city$	YES	YES	YES
样本数(N)/个	2 210	2 210	2 210
拟合优度(R^2)	0.743 6	0.744 5	0.745 5

这里用财政支出占地区生产总值的比重表示政府干预(gov),数据依旧是2004年,其他的变量与基准模型保持一致。模型(1)显示,政府干预的估计系数在10%的显著性水平上为负,这表明,政府干预增加了企业的进入成本,抑制了地区的创业活动,此时市场潜能依旧是影响创业活动的重要因素。模型(2)考察了市场潜能与政府干预的交互作用,显著为负的估计系数表明两者对创业的作用是相互排斥的。也就是说,政府干预越强的县市,越不利于发挥市场潜能对创业活动的促进作用。对应的现实背景是,在中国,政府干预较强的地方往往是中西部地区,而这些地区的市场潜能也相对较小,两者的叠加效应进一步削弱了中西部的创业活动。结合模

型(1)、模型(2)可知,政府干预本身不利于创业活动,同时抑制了市场潜能对创业的促进作用,且政府干预的这种负面效应对欠发达地区更加显著。这一发现的政策含义在于,政府的不合理干预不仅没有起到帮助欠发达地区的预期目的,反而抑制了集聚经济本该发挥的作用,导致了资源配置效率的扭曲。因此,发挥市场潜能作用的同时,取消政府的不合理干预对于"大众创业"战略的顺利实施至关重要。

为了论证上述结果的稳健性,模型(3)进一步考察了政府干预的典型形式——扶持大企业的作用,因为,吸引大规模企业与做大本地企业往往被地方政府视为重要的政绩工程。在模型(2)的基础上,模型(3)增加了市场潜能与大企业的交互项,可以发现,此时市场潜能与政府干预的交互项依旧显著为负,且扶植大企业也削弱了市场潜能对创业活动的促进作用。原因在于,大企业占比较高的地区趋向于形成独立且垂直的生产分工体系,此时市场潜能的作用可能更多体现为在大企业内部的组织调整,从而不利于新生企业的产生。需要说明的是,虽然模型(3)中政府支出与大企业的一次项系数显著为正,但这与基准模型的结论似乎相反。然而,通过计算临界值,仅有 5.20% 的样本政府支出为正效应,4.34% 的样本大企业为正效应。这说明大多数的样本均支持了政府干预与大企业不利于创业活动的结论[17]。总之,这一发现再次证明了,政府的不合理干预阻碍了市场潜能效应的发挥。

3.6 本章结论与政策启示

在"大众创业"的背景下,探讨在哪里创业更有效率这一问题,关乎如何发挥大国的空间效率,以便支撑中国经济的可持续发展。为了进一步明确"大众创业"的空间内涵与实施方向,本章利用 2004 年、2008 年的全国经济普查数据,构建企业进入率指标来度量创业活动,重点考察了表征空间关联效应的市场潜能对创业活动的影响。县市层面的经验研究表明,市场潜能显著提升了地区的创业活动,平均而言,市场潜能每提高 1%,每万人的企业个数将增加 0.37%,而且市场潜能的促进作用对于创业活动刚刚起步的县市作用更大。改变市场潜能与创业活动的测度形式,以及考虑到市场潜能的内生性之后,上述发现依旧是稳健的。此外,分圈层市场潜能的估计显示,市场潜能对创业活动的影响具有显著的地理衰减效应。在 1 200 km 之内,随着距离的增加,市场潜能的促进作用逐渐减弱。当超过 2 000 km 时,考虑到运输成本等因素,市场潜能反而不利于吸引企业进入。即便考虑到圈层之间的相互作用,地理衰减效应的结论依旧是稳健的。针对企业异质性的分析发现,市场潜能对新生的制造业企业与大企业的进入作用更加显著,这间接证明了地理衰减效应。最后,政府干预的估计结果显示,政府干预本身不利于创业活动,同时抑制了市场潜能对创业的促进作用。这表明,政府的不合理干预阻碍了集聚经济效率的发挥,导致资源配置效率的扭曲。由于中西部地区的市场潜能相对较小,但政府干预的色彩又特别明显,因此,政府干预对创业活动的负面效应对欠发达地区更加显著。

本章的发现为"大众创业"战略在全国的布局实施提供了方向。当前,应该谨防遍地开花式创业活动的潜在风险。进一步明确,"大众创业"并不等于"到处创业",而是应该"有重点的、集中式"创业。具体而言,鉴于市场潜能是创业活动空间差异的重要原因,因此创业活动应该布局在市场潜能较大的地方,即大城市及其周边地区,这样才能真正发挥利用大国的空间效率,也更容易取得创业的成功。这种布局模式也体现了发挥市场在资源配置中的决定性作用。在这一过程中,取消政府的不合理干预对于发挥集聚经济效应至关重要。本章的发现同时揭示了,对于创业活动处于较低水平的中西部地区而言,布局在大市场即区域性核心城市的创业活动更有效率。此外,地理衰减效应提示我们,企业定位不能一味地贪图扩大市场,而应该结合比较优势,开发与产品需求匹配的市场空间。

[本章主要内容参考丁嵩,2021.在哪里创业更有效率:市场潜能、地理衰减与创业活动[M]//曾刚.中国城市研究:第十六辑.北京:科学出版社:122-141]

第3章注释

① 也有研究认为新企业的形成对区域发展存在不确定性。其中的关键在于,新企业对在位企业产生的"破坏性效应"与前期、后期的正向溢出之间的权衡,详见弗里奇等(Fritsch et al.,2004)有关时滞效应的讨论。

② 有些微观调查数据虽然并未直接给出工作类型的信息,但可以根据受访者个体(私营)经营收入是否为正来判断,如中国家庭动态追踪调查(CFPS)数据。

③ 博兹卡亚等(Bozkaya et al.,2007)指出,对于国家排名也存在类似问题。欧洲南部国家,如葡萄牙和希腊,在欧洲自我雇佣率的排名中非常靠前,但是在风险资本市场中的份额却非常少。斯堪的纳维亚国家则是相反的情况,它是吸引风险资本投资最多的国家,自我雇佣率的排名却较低。

④ 西莫伊斯等(Simoes et al.,2016)综述了影响自我雇佣率的个人特征因素,将12个关键性的因素划分为七大类,包含个人基本特征(性别、年龄、婚姻状况、有无孩子)、家庭背景(父母亲与配偶)、性格特征、人力资本(教育和工作经验)、健康状况、国籍和民族、金融资源的可获得性,在教育与健康状况方面尚未得到一致的结论。

⑤ 与这一主题密切相关的是考察市场潜能对国家内部企业区位选址的研究,如刘修岩等(2010)、周浩等(2015)。

⑥ 事实上,反向因果并非那么严重。市场潜能度量的是距离加权的周边地区市场规模之和,因此某地区的创业活动不可能对加总的市场潜能产生较大冲击。此外,控制变量中的大企业占比(big)和国有企业占比(soe)数据只能从2004年全国经济普查中获取,因此选择将变量滞后到2004年。

⑦ 根据2010年的行政区划可知,大陆地区共有2 296个行政单元。基于相关数据缺失、行政区划变化等原因,本章考虑了2 210个行政单元。

⑧ 中国综合社会调查(CGSS)是由中国人民大学中国调查与数据中心负责执行的连续性全国调查。调查点覆盖了中国大陆所有省级行政单位,2010年中国综合社会调查(CGSS 2010)数据共包含134个县(区、市),共抽查了11 783个家庭户,其中城镇样本为7 222个。涉及是否从事创业活动的问题是:"在下列各种情形中,哪一种更符合您最近那份非农工作的状况"?

⑨ 本书认定的沿海港口来源于许政等(2010)使用的"首届中国港口城市市长高峰论坛"名单,共计32个沿海港口,包含:上海、宁波、舟山、温州、台州、广州、深圳、湛江、汕头、珠海、中山、北海、防城港、钦州、海口、三亚、福州、厦门、漳州、泉州、连云港、青岛、日照、烟台、龙口、威海、秦皇岛、唐山、沧州、大连、营口、锦州。

⑩ 描述性统计显示大企业占比与国有企业占比可能存在异常值。为避免估计结果受异常值影响,且最大限度地保存样本信息,我们使用缩尾法(winsorize)将最低1%和最高1%的观测值赋予1%和99%分位数点的数值,下文基准模型的估计结果并未发生变化,限于篇幅未报告相关结果。

⑪ 内部距离 d_{ii} 的计算公式是 $d_{ii}=2/3\sqrt{area_i/\pi}$,其中 $area$ 为各地区的行政面积。

⑫ 具体可参见美国国家海洋和大气管理局(NOAA)网站。2004年同时有两颗卫星在收集数据,存在"F152004"和"F162004"两套数据。我们对其分别提取了灯光亮度总和,发现估计结果基本一致。限于篇幅,模型(4)仅给出了使用"F152004"数据的估计结果。

⑬ 当把被解释变量变为新生企业进入率,即每万人的新生企业数时,市场潜能的估计系数依旧显著为正,估计结果备索。

⑭ 我们尝试以400 km为界,逐渐增加空间范围,如0—400 km、0—800 km等,发现中心度的外生性要求始终得不到满足。当增加到1 600 km时,第二阶段市场潜能的估计系数开始显著为正。

⑮ 对于三大核心城市样本而言,工具变量等于内部距离的倒数取对数,内部距离等于2/3行行政区半径。

⑯ 将三大核心城市变换为北京、上海和广州,估计结果依旧是稳健的。此外,我们还尝试了将到三大核心城市的中心度作为工具变量,即等于对到三大核心城市的距离倒数之和取对数,发现与最近距离作为工具变量的估计结果类似。

⑰ 控制其他变量,政府支出的偏效应等于 $0.034\ 7-0.007\ 6\ln mp$,那么保证政府支出为负效应的市场潜能的临界值约为 $4.565\ 7$,与全部样本中市场潜能的大小进行比较,发现仅有5.20%的样本小于该临界值。大企业的分析与政府支出占比类似。

4 市场潜能与流动人口收入水平

4.1 引言

前文以企业为研究对象,论证了集中在大市场(市场潜能大的地方)创业更有效率。那么,大市场是否也能为流动人口提供更高的收入水平呢?本章将探讨这一问题,这也构成全文论证空间效率的第二个微观证据。

近来关于大城市的流动人口问题引发了新的讨论。其一,"逃离北上广"的声音频现于主流媒体。特别是,根据北上广三地政府2016年上半年陆续公布的常住人口数据显示,北京核心区人口减少,上海人口呈负增长,广州人口增速呈阶段性放缓。这些数据强化了特大城市即将迎来"人口拐点"的信号,并被进一步解读为,在居高不下的住房成本和生活压力之下,流动人口不得不选择逃离北上广。其二,部分学者认为,随着国家户籍制度的逐步开放,劳动力的流动性显著提高,空间均衡效应在中国已经显现,即考虑生活成本的地区间真实效用水平逐渐趋同[①]。例如,宁光杰(2014)研究发现,城市规模的工资升水并不大,即对于农村剩余劳动力而言,到大城市打工不一定工资更高。其三,从政策层面来看,限制特大城市人口规模的政策纷纷出台。例如,《上海市城市总体规划(2016—2040年)》中明确规定至2020年常住人口将被控制在2 500万人以内,而北京也把人口的疏解作为推进非核心功能疏解战略的重中之重,出现了所谓"以业控人""以证管人"等现象。

然而,事实真的如此吗?大城市对于流动人口真的不再具有吸引力吗?这需要科学的经验证据予以检验。对于流动人口而言,选择迁移地的一个重要考量是能否获得更高的收入水平。如果在控制了其他影响因素之后,大城市的收入优势显著存在,那么就表明逃离北上广可能只是暂时的,大城市仍存在较大的集聚经济效应发挥空间。因此,本章将重点围绕大城市的收入水平是否更高这一问题展开论证,这有助于进一步明确未来的城市发展方针以及如何利用城市发展规律。

本章在控制了其他影响个人收入的因素之外,重点考虑了市场潜能的重要性;同时不同于以往使用城市层面数据或户籍人口的微观数据,本章选择以获得更高收入为主要迁移目的且流动性较强的流动人口为研究对象。根据 2014 年全国流动人口动态监测调查数据发现,在控制了个人特征、迁移成本、城市规模和密度、生活成本、城市层级等影响因素之后,越接近大市场的地方,流动人口的收入水平越高,这一效应无论对于高技能还是低技能的流动人口同样存在,且在迁入地居住时间越长的流动人口,市场潜能对其收入的提升作用越大。这就表明,当前大城市的收入优势依旧存在,政府应该尊重流动人口前往大城市集聚发展的客观规律。

本章的结构安排如下:第 4.2 节简要梳理了集聚经济与收入水平的相关文献;第 4.3 节阐述了估计模型和数据来源,报告了本章的基准模型以及考虑到技能水平与居住时间异质性的分析结果;第 4.4 节是结论与政策含义。

4.2 相关研究与文献

很多理论均给出了地区间收入差距可能产生的原因,如劳动力的技能差异、要素禀赋、城市规模或密度、工资补偿效应等(Combes et al.,2015b)。其中,本章将重点探讨市场需求的空间分布对于收入差距的影响。新经济地理学的"核心—边缘"模型指出,在规模经济与运输成本的作用下,厂商为了节约运输成本,倾向于将企业布局在市场潜能较大的地区,在市场需求的循环累积效应下,最终带来了更高的劳动生产率和更高的工资水平。由此可见,市场邻近性对于地区间工资差距的重要作用。这一理论阐释得到了大量经验研究的检验,包含使用人均国内生产总值(GDP)替代工资收入的跨国样本(Redding et al.,2004;Breinlich,2006;Head et al.,2011;Bosker et al.,2012),对意大利省域(Mion,2004)、德国的城市和农村地区(Brakman et al.,2004)、美国县域(Hanson,2005)、日本地级市(Kiso,2005)、英国区域(Fingleton,2006)、印度尼西亚地区(Amiti et al.,2007)等国家内部不同区域工资差异的研究。对于中国,刘修岩等(2007)、范剑勇等(2009)是较早从市场潜能维度来解释中国地区间收入差距的。

这些经验研究整体上均支持市场需求的空间分布是地区间收入差距的重要原因。但被解释变量往往采用城市或区域层面的平均工资,导致在模型估计中不可避免地存在一些偏差(Combes et al.,2008b)。挑战之一便是忽视了个人特征的作用。例如,究竟是市场潜能还是个人的技能水平导致了地区收入差异?此外,使用城市层面加总的数据增加了源于反向因果的内生性处理难度。如果使用微观个人数据,则很难有证据支撑个人的行为会对城市整体层面的市场潜能产生较大的冲击。因此,越来越多的经验研究开始使用微观调查数据,研究大市场的地区是否带来较高的个人收入水平。根据赫林等(Hering et al.,2010b)关于这方面的代表性文献可知,其通过研究 1995 年的中国居民收入调查(China Household Income Projects,CHIPS)数据发现,当控制了个人特征、行业属性以及其他城市特征之后,市场潜能的大小决定了个人每小时工资的差异,为论证新经济地理学的市场潜能效应提供了微观证据。卡马尔等(Kamal et al.,2012)延续了这一分析思路,使用1995年、2002年的中国居民收入调查(CHIPS)数据发现,市场潜能对个人工资差异的影响在逐渐加深。此外,还有部分文献采用城市规模或密度作为集聚经济的代理变量,也得出了大城市支付了更高的个人工资的类似结论。例如,高虹(2014a)运用2002年、2007年中国居民收入调查(CHIPS)数据发现,城市规模每上升1%,劳动力名义年收入和名义小时收入将分别上升约0.190%和0.189%;即使考虑到物价因素,城市规模对劳动力收入影响仍显著为正。

以往基于微观数据的经验研究似乎都支持了大市场或大城市具有工资溢价的结论,但仍存在值得进一步探究的空间:(1)考虑到数据的可得性,往往聚焦于本地户籍人口的溢价问题,而忽视了集聚经济对于流动人口的影响方向与作用大小。例如,大市场的地区能否同样提高流动人口的收入水平,以及工资溢价效应对于本地人口与外来人口的差异性表现等。相对于城镇户籍人口而言,流动人口对于市场环境的变化更加敏感,流动性更强,且主要以获得更高的收入而不是其他非经济因素作为迁移目的,因此更加符合本章的研究主题。此外,空间均衡理论认为,对于流动性高的人口而言,其在不同地区的工资应该是"无套利"的,此时的工资溢价更多表现为生活成本的补偿效应(Roback,1982;Glaeser et al.,2009a)。因此,研究大市场对于流动人口的收入优势更趋不确定性[②],而且研究结论对于揭示中国当前的劳动力流动状况具有指导意义。(2)以往研究使用的微观调查数据时间过早,研究结论可能并不能反映中国当前的现实状况。特别是,随着《国务院关于进一步推进户籍制度改革的意见》的颁布,截至2016年全国境内31个省份均取消了农业户口与非农业户口的性质区分,劳动力的流动性进一步提高[③]。因此,亟须基于最新的微观数据开展经验研究,以便更好地反映现实状况和指导实践。(3)一个地区的市场容量由本地市场、周围市场与国际市场三个部分构成,且这三个市场之间存在相互作用。例如,本地市场大的地方往往同时具有接近周边市场的便利性。因此,只有在控制了本地市场与国际市场的影响之后,才能得到更加准确的市场潜能估计系数,以往研究对此重视不够。

基于以上分析,本章可能的边际贡献体现为:(1)将研究对象限定为更符合市场化假定的流动人口,论证流动人口是否能从集聚经济效应中获得收入优势,从而相对填补了有关经济集聚对流动人口福利效应这一研究领域的空白;(2)基于最新的微观调查数据——2014年全国流动人口动态监测调查数据展开经验研究,从而确保了研究结论可以更加真实地反映现实状况;(3)同时考虑了本地市场、周边市场与国际市场,从而提高了市场潜能估计系数的准确性。

4.3 实证分析结果

4.3.1 模型设定、数据与变量说明

1) 模型设定

基于前文的分析可知,大市场地区会通过吸引厂商的集聚来促进流动人口收入水平的提升。同时,鉴于流动人口较高的流动性,市场潜能所导致的收入差距很有可能被流动人口的套利行为所抵消,此时市场潜能的估计系数将并不显著。因此,市场潜能对流动人口收入的影响并不确定,需要规范的经验研究予以论证。本章在明瑟(Mincer,1974)微观个人工资收入决定方程的基础上加入市场潜能因素,并且借鉴赫林等(Hering et al.,2010b)的方法,构建如下的计量估计模型,目的是论证当控制了其他影响因素之后,市场潜能对流动人口的收入水平是否具有显著的正向影响,以及这种影响在不同技能水平和居住时间的流动人口之间是否存在异质性。

$$\ln income_{ij} = c + \beta' X_{ij} + \pi_1 \ln mp_j + \alpha' city_j + \varepsilon_{ij} \quad (4-1)$$

其中,c 表示常数项。β' 表示一系列个人特征变量的估计系数。α' 表示地区层面变量的估计系数。ε 表示随机扰动项。下标 i 和 j 表示居住在地区 j 的个人 i。被解释变量 $\ln income_{ij}$ 为地区 j 中个人 i 的收入水平的对数。解释变量 $\ln mp_j$ 表示地区 j 市场潜能的对数。此外,在解释变量中加入了一系列个人特征(X_{ij})和地区层面的变量($city_j$),以尽可能减轻遗漏变量导致的估计偏误。个人特征方面的变量采用 2014 年的数据,地区层面的变量则滞后 1 年,目的是减少反向因果带来的影响。本章所关注的核心估计系数是 π_1,如果在控制了一系列个人特征和地区变量等影响因素之后,π_1 依旧显著为正,那么就表明大市场的地方提供了较高的收入水平,即流动人口也能从大市场的集聚经济效应中获益。需要说明的是,本章在地区层面还控制了本地市场和国际市场,分别用人口密度、土地面积、到最近海港的距离来表示,此时市场潜能更多反映的是距离周边市场的邻近性。市场潜能越大,则表明本地生产的商品和服务更容易供给到周边市场。

2) 数据来源

本章的个人特征数据来源于 2014 年全国流动人口动态监测调查数据,该数据对于研究流动人口问题具有独一无二的优势,具体体现为数据时效性强、覆盖范围广、调查样本大、属性特征多等特点。由国家卫生和计划生育委员会按照分层、多阶段、与规模成比例的概率与大小成比例(Probability Proportionate to Size,PPS)抽样方法,于 2014 年 5 月在全国 31 个省(区、市)和新疆生产建设兵团调查得到,其中的调查对象包含在流入地居住一个月以上的非本区(县、市)户口的 15—59 岁周岁流入人口。调查样本合计 20 万人,调查问题涵盖基本情况、就业和收入支出、基本公

共卫生和医疗服务、婚育情况与计划生育服务四大板块。

为了得到更加准确的市场潜能估计系数,本章按照以下标准对样本进行筛选:第一,根据问卷中"您今年'五一'节前一周是否做过1 h以上有收入的工作(包括家庭或个体经营)",剔除已退出劳动力市场的流动人口;第二,根据就业身份剔除自我雇佣型职业类型;第三,根据职业和行业类型剔除农民以及从事农业生产的流动人口;第四,剔除地区层面变量缺失的样本;第五,剔除收入水平为0的样本。最终得到包含886个县市区、合计99 029个流动人口样本。地区层面的变量主要来自《中国城市统计年鉴:2014》《中国区域经济统计年鉴:2014》。

3)变量说明

(1)月收入水平

本章的被解释变量根据问卷中"您个人上个月(或上次就业)的收入为多少?"构建,这里的收入包含就业工资和经营性收入。表4-1给出了相关变量的定义说明。

表4-1 相关变量定义的说明

变量	定义
个人特征	
收入水平	ln(月收入),单位为元
性别	男性取值为1,否则为0
年龄	2014—出生年份
年龄平方	(2014—出生年份)^2
受教育水平	未上过学=1,小学=6,初中=9,高中=12,大学专科及以上=16
民族	汉族取值为1,否则为0
婚姻状况	初婚、再婚、离婚、丧偶取值为1,否则为0
迁移时间	2014—第一次离开户籍地的年份
迁移方式	包含跨省迁移、省内跨市、省内同市三种类型,以省内同市作为基准
居住时间	2014—本地流动开始年份
职业类型	包含国家机关党群组织企业事业单位负责人、专业技术人员、公务员、商业服务业人员、生产运输和建筑业、无固定职业、其他共7类,以其他作为基准
行业类别	包含采矿、制造、电煤水电生产供应、建筑、批发零售、交通运输仓储邮政、住宿餐饮、信息传输软件和信息技术服务、金融、房地产、租赁和商务服务、科研和技术服务、水利环境和公共设施管理、居民服务修理和其他服务业、教育、卫生和社会工作、文体和娱乐、公共管理社会保障和社会组织、国际组织共19类,以水利环境和公共设施管理作为基准
企业所有制	包含土地承包者、机关事业单位,国有及国有控股、集体企业、个体工商户、私营企业、我国港澳台企业、日韩企业、欧美企业、中外合资企业、其他、无单位共12类,以土地承包者作为基准

续表 4-1

变量	定义
地区层面	
市场潜能	ln(距离作为权数的周边地区 GDP 加权平均和),单位为亿元/km
人口密度	ln(人口/土地面积),单位为人/km²
土地面积	ln(土地面积),单位为 km²
到最近港口的距离	ln(到最近港口的距离),单位为 km
生活成本	ln(取家庭平均每月总支出的地区平均值),单位为元
生活舒适度	1月平均气温,单位为℃,年均降水量,单位为 mm
城市层级	包含直辖市副省级城市和省会城市、一般地级市、县域共3类,以县域为基准
省份	包含剔除西藏、新疆生产建设兵团之后的 30 个省份,以吉林省作为基准

(2) 市场潜能

关键解释变量市场潜能等于邻近地区市场购买力的加权平均和,权数与距离成反比关系。具体采用哈里斯(Harris)市场潜能的测度形式:

$$mp_j = \sum_{l \neq j} GDP_l / dis_{lj} \qquad (4-2)$$

其中,GDP_l 表示 l 地区 2013 年的地区生产总值;dis_{lj} 表示地区 l 和 j 之间的大圆距离。

为了论证估计结果不受市场潜能测度方式的影响,在后文稳健性检验中还分别使用了设置不同距离衰减参数、包含本地市场规模、用夜间灯光替代国内生产总值(GDP)等形式的哈里斯(Harris)市场潜能。由 2013 年哈里斯(Harris)市场潜能的可视化地图可知(与第 3 章市场潜能空间格局相似,这里不再赘述),市场潜能的空间分布呈现出沿海到内地圈层递减的格局,东部沿海地区的市场潜能远远高于内陆地区。

(3) 个人特征变量

根据以往文献,我们在回归方程中控制了性别、年龄、年龄平方、受教育水平、民族、婚姻状况、职业类型、行业类别、企业所有制等个人特征变量。此外,对于流动人口而言,较高的迁移成本可能需要相应的收入水平予以补偿,因此我们还增加了表征迁移成本的变量。囿于流动人口来源地信息的缺失,我们无法计算具体的迁移距离,这里采用迁移方式作为迁移成本的代理变量。相对于省域内部同市流动而言,跨省流动的成本最高,需要获得更高的收入作为补偿,同省跨市流动的成本次之。

(4) 地区层面变量

为了减轻可能因缺失变量造成的市场潜能内生性问题,本章还控制了

2013年地区层面的其他变量,具体包含以下几类:

① 本地市场和国际市场。鉴于城市规模和密度都会产生集聚经济效应,本章分别用人口密度、土地面积来表示本地市场,用到最近海港的距离来测度一个地区到国际市场的便利度。这里界定的沿海港口城市与第3章一致。本地市场、国际市场以及市场潜能所反映的周边市场三者相关性较高,只有同时控制了本地市场和国际市场,才能得到比较准确的市场潜能估计系数。

② 生活成本。根据空间均衡理论可知,在劳动力自由流动、房屋供给无弹性的前提下,大市场所获得的工资溢价很可能只是名义工资,实际上反映的是对房屋价格等生活成本的补偿机制,因此有必要引入生活成本变量对名义工资进行修正。鉴于县市层面可比的物价指数和房屋价格指数并不可得,借鉴以往文献(Hering et al.,2010b;踪家峰等,2015),这里采用家庭在当地的平均每月总支出作为生活成本的代理变量[④]。问卷中调查的总支出包含与日常生活消费相关的费用支出,如衣、食、住、行、教育、通信、医疗、娱乐、随礼等。对家庭所居住的地区的该项数据进行算术平均,得到地区层面的生活成本变量。

③ 生活舒适度。地理条件所反映的生活舒适度将会通过影响个人的区位决策,最终体现在收入水平上。例如,如果地区的生活舒适度较差,则需要提供更高的收入水平给予补偿(Fally et al.,2010;Pablo Chauvin et al.,2017)。限于数据的可得性,这里采用1月份平均气温和年均降水量作为生活舒适度的代理变量。气候数据来自世界气候数据库网站(Worldclim),该数据根据分布在全球不同纬度、经度、海拔的气象站所记录的 1950—2000 年气候数据插值形成。这里选取的生活舒适度代理变量也可理解为资源禀赋,较适宜的自然条件会通过提升地区的生产率来最终影响劳动力的收入水平。

④ 城市层级。中国普遍存在"政府偏爱"(government/political favoritism)之嫌,倾向于将资源与优惠条件集中于中心城市,进而导致了不同层级城市之间的生产率与工资差异(Henderson,2007;王垚等,2014;World Bank,2014;Chen et al.,2017)。为控制不同等级城市的异质性,这里引入城市层级的虚拟变量作为控制变量。

⑤ 省份虚拟变量。为控制地区层面不可观测因素的影响,如文化和制度条件等,这里引入省份虚拟变量作为控制变量。

4.3.2 模型估计结果

本章接下来将对以下方面进行论述:一方面,讨论地区层面的市场潜能对流动人口收入影响的平均效应,并通过改变市场潜能的测度形式、使用工具变量估计的方法来论证这一结论的稳健性;另一方面,检验市场潜能对流动人口收入的影响是否存在技能水平与居住时长的异质性效应。

1）市场潜能对流动人口收入的平均效应

（1）基准模型估计结果

表4-2考察了市场潜能变化对流动人口收入水平的影响。为了便于比较,模型(1)仅报告了个人特征变量的估计结果,模型(2)加入了关键解释变量——地区层面的市场潜能,模型(3)至模型(7)主要考察了地区层面的其他变量对市场潜能估计系数的影响,模型(8)、模型(9)进一步分析了市场潜能对流动人口收入的影响是否存在居住地(城市还是农村)的异质性。

模型(2)显示,当控制了个人特征变量之后,市场潜能的估计系数在1%的显著性水平上为正,这表明市场潜能扩大能显著提升流动人口的收入水平,平均而言,地区层面的市场潜能每增加1%,会带来流动人口的收入上升约0.12%。也就是说,越是邻近大市场的地区,由于集聚经济效应的存在,流动人口越能获得较高的收入。就全国来看,市场潜能较大的地方往往是大城市及其周边地区,这些地区距离海岸线也较近,因此为剥离市场潜能测度的周边市场效应,模型(3)给出了在控制人口密度和土地面积、到最近海港的距离之后的结果,可以发现,市场潜能对流动人口收入的显著正向影响并未改变。此时的被解释变量测度的是名义收入,因此流动人口从大市场地区获得的收入效应仅能表明集聚经济效应的存在,却无法全面反映流动人口福利水平的变化。模型(5)则引入地区层面的生活成本作为控制变量,此时模型的估计结果反映了对流动人口真实收入水平的影响,可以发现,市场潜能的估计系数依旧显著为正,这表明大市场可以给流动人口带来更高的真实收入。也就是说,空间均衡效应并不适用于中国,中国的劳动力流动性仍有待加强,即便以被认为是流动性较高的流动人口为研究对象。陆铭等(Lu et al.,2014)、巴勃罗·肖万等(Pablo Chauvin et al.,2017)的研究也佐证了这一发现。可能的解释是,中国的户籍制度特别是大城市限制流动人口的政策阻碍了劳动力的自由流动,进而导致劳动力无法通过套利行为实现地区之间福利水平的均等化。此外,模型(5)中生活成本的估计系数显著为正,这表明生活成本较高的地区往往需要较高的收入水平来补偿,即存在工资补偿现象。

生活舒适度和城市层级可能同时影响了市场潜能与流动人口收入水平,例如,舒适度较差的地区增加了服务周边市场的难度,同时需要更高的收入水平予以补偿;而高等级的城市则往往兼具市场便利性与政府偏爱的优势,因此控制舒适度和城市层级变量有利于减轻市场潜能的内生性。模型(5)、模型(6)报告了相关的估计结果,可以发现,即便考虑到生活舒适度和城市层级的影响,前文的估计结果依旧是稳健的,只不过市场潜能的估计系数有所下降。模型(7)则进一步考虑了流动人口所从事职业、行业和所有制的异质性,以及不同省份之间诸如文化、制度等不可观测因素的潜在影响,此时大市场有利于提高流动人口收入水平的结论依旧成立,只不过市场潜能的弹性系数由模型(2)的0.1167下降为0.0872。

表 4-2 市场潜能与流动人口收入的估计结果

类别	模型(1)	模型(2)	模型(3)	模型(4)	模型(5)	模型(6)	模型(7)	模型(8)	模型(9)
市场潜能	—	0.116 7*** (0.020 1)	0.116 3*** (0.026 9)	0.122 8*** (0.024 1)	0.129 9*** (0.023 9)	0.104 5*** (0.024 5)	0.087 2** (0.035 6)	0.090 2* (0.046 7)	0.083 2* (0.046 4)
人口密度	—	—	0.009 9 (0.007 9)	0.002 2 (0.006 9)	0.001 0 (0.006 2)	0.025 1** (0.011 0)	0.024 1*** (0.008 6)	0.022 4** (0.010 6)	0.021 7** (0.010 7)
土地面积	—	—	0.039 5*** (0.009 4)	0.029 0*** (0.007 9)	0.026 8*** (0.007 3)	0.039 2*** (0.008 3)	0.021 5** (0.008 4)	0.019 0* (0.009 8)	0.022 7** (0.010 3)
到最近港口的距离	—	—	−0.015 7** (0.006 7)	−0.011 5* (0.006 3)	−0.016 4** (0.006 8)	−0.017 3*** (0.006 4)	−0.008 9 (0.006 5)	−0.004 4 (0.006 8)	−0.015 8* (0.009 5)
生活成本	—	—	—	0.122 4*** (0.029 9)	0.123 7*** (0.029 2)	0.154 9*** (0.030 0)	0.075 7*** (0.027 3)	0.104 9*** (0.030 1)	0.044 2 (0.040 5)
男性	0.261 5*** (0.009 3)	0.266 1*** (0.009 3)	0.269 6*** (0.008 8)	0.271 1*** (0.008 9)	0.270 3*** (0.009 0)	0.270 2*** (0.009 1)	0.221 2*** (0.007 5)	0.216 1*** (0.007 1)	0.233 8*** (0.011 0)
年龄	0.042 5*** (0.002 9)	0.044 0*** (0.002 7)	0.043 2*** (0.002 7)	0.043 6*** (0.002 7)	0.043 3*** (0.002 7)	0.043 5*** (0.002 7)	0.040 4*** (0.002 2)	0.044 2*** (0.002 4)	0.031 7*** (0.002 7)
年龄平方	−0.000 6*** (0.000 0)	−0.000 6*** (0.000 0)	−0.000 6*** (0.000 0)	−0.000 6*** (0.000 0)	−0.000 6*** (0.000 0)	−0.000 6*** (0.000 0)	−0.000 6*** (0.000 0)	−0.000 6*** (0.000 0)	−0.000 5*** (0.000 0)
受教育水平	0.034 0*** (0.005 3)	0.034 2*** (0.005 3)	0.032 4*** (0.004 6)	0.031 7*** (0.004 5)	0.031 6*** (0.004 4)	0.031 6*** (0.004 4)	0.025 2*** (0.002 6)	0.025 3*** (0.002 5)	0.019 0*** (0.001 5)
汉族	0.043 5*** (0.014 2)	0.022 7* (0.013 3)	0.019 4 (0.015 4)	0.019 1 (0.015 1)	0.014 8 (0.013 6)	0.017 7 (0.013 1)	0.019 2*** (0.007 0)	0.013 7 (0.009 3)	0.034 9*** (0.009 1)

续表 4-2

类别	模型(1)	模型(2)	模型(3)	模型(4)	模型(5)	模型(6)	模型(7)	模型(8)	模型(9)
结婚	0.114 6*** (0.007 4)	0.106 3*** (0.006 9)	0.103 2*** (0.007 1)	0.096 0*** (0.006 4)	0.094 1*** (0.006 1)	0.093 3*** (0.006 2)	0.078 0*** (0.005 4)	0.083 4*** (0.006 6)	0.064 6*** (0.009 1)
迁移时间	0.003 0*** (0.000 6)	0.002 6*** (0.000 5)	0.002 5*** (0.000 5)	0.002 1*** (0.000 5)	0.002 3*** (0.000 5)	0.002 3*** (0.000 5)	0.001 1** (0.000 5)	0.000 4 (0.000 5)	0.002 2*** (0.000 6)
跨省迁移	0.241 1*** (0.030 0)	0.218 9*** (0.030 0)	0.182 1*** (0.018 7)	0.181 6*** (0.018 0)	0.176 6*** (0.017 7)	0.156 4*** (0.015 3)	0.083 8*** (0.009 0)	0.080 2*** (0.010 4)	0.088 9*** (0.014 2)
省内跨市	0.068 1*** (0.018 2)	0.068 0*** (0.019 1)	0.061 1*** (0.011 2)	0.060 6*** (0.011 7)	0.056 3*** (0.013 2)	0.048 0*** (0.011 5)	0.033 7*** (0.007 5)	0.035 6*** (0.007 8)	0.031 8** (0.014 2)
常数项	6.499 5*** (0.101 2)	5.699 9*** (0.172 9)	5.466 3*** (0.259 8)	4.568 0*** (0.359 7)	4.598 9*** (0.343 1)	4.353 3*** (0.328 1)	5.296 1*** (0.315 7)	5.390 5*** (0.368 5)	5.751 4 (0.000 0)
生活舒适度	NO	NO	NO	NO	YES	YES	YES	YES	YES
城市层级	NO	NO	NO	NO	NO	YES	YES	YES	YES
职业类型	NO	NO	NO	NO	NO	NO	YES	YES	YES
行业类别	NO	NO	NO	NO	NO	NO	YES	YES	YES
企业所有制	NO	NO	NO	NO	NO	NO	YES	YES	YES
省份	NO	NO	NO	NO	NO	NO	YES	YES	YES
样本数(N)/个	99 029	99 029	99 029	99 029	99 029	99 029	99 026	65 622	33 404
拟合优度(R^2)	0.220 8	0.229 3	0.238 0	0.241 1	0.242 0	0.246 7	0.323 3	0.363 2	0.248 5

为了进一步论证上述结论的稳健性,根据流动人口居住地的不同,我们将前文的流动人口样本划分为居住在社区和村两组,模型(8)、模型(9)分别报告了社区、村样本的估计结果,显著为正的估计系数揭示了无论居住在城市还是农村,流动人口均能从大市场中获得收入优势。虽然社区样本的市场潜能估计系数(0.090 2)稍大于村样本的估计系数(0.083 2),但两者并不具有显著性的差异。值得注意的是,村样本中生活成本的估计系数并不显著,这表明前文的工资溢价效应更多体现为城市之间的差异,而农村地区由于生活成本相差不大,对于工资溢价则并不敏感。

由模型(7)可知,市场潜能对流动人口收入的弹性系数约为 0.09。我们梳理了以往有关市场潜能与收入水平的经验研究(表4-3),发现 0.09 的弹性系数远远小于以往的相关研究。原因在于,以往无论是采用城市层面还是微观个人层面的数据,往往以本地户籍人口为研究对象,相对于流动人口而言,本地工人拥有更便利的政策条件、制度环境、社会网络等优势,因此更加容易获得经济集聚所带来的收入效应。也就是说,流动人口获得的经济集聚收益远远小于本地工人,这就为进一步发挥大市场的经济集聚效应提供了证据。扫清了大城市限制流动人口流入的户籍等制度障碍,让流动人口充分享受经济集聚所带来的收益,有利于实现经济的一体化发展和区域平衡。

表4-3 以往有关市场潜能与收入水平的代表性文献

研究尺度	代表性文献	研究样本	市场潜能测度形式	收入测度	估计系数
城市层面	刘修岩等(2007)	1998—2004年地级市面板数据	哈里斯(Harris)市场潜能	职工工资	0.61
	范剑勇等(2009)	1997年地级市截面数据	结构化市场潜能*	职工工资	0.22—0.32
	赫林等(Hering et al., 2010a)	1995—2002年地级市面板数据	结构化市场潜能	人均国内生产总值(GDP)	0.08
	德索萨等(de Sousa et al., 2011)	1995—2007年省域面板数据	结构化市场潜能	职工工资	0.11
	博斯克尔等(Bosker et al., 2012)	1995—2005年地级市面板数据	结构化市场潜能	人均国内生产总值(GDP)	0.17—0.19
个体层面	赫林等(Hering et al., 2010b)	1995年中国居民收入调查(CHIPS)截面数据	结构化市场潜能	每小时工资	0.05—0.16
	卡马尔等(Kamal et al., 2012)	1995年中国居民收入调查(CHIPS)截面数据;2002年中国居民收入调查(CHIPS)截面数据	哈里斯(Harris)市场潜能	每小时工资	0.29(1995年);0.65(2002年)
	吴晓怡等(2016)	2004—2009年工业企业数据面板数据	哈里斯(Harris)市场潜能	企业人均工资	0.61—0.74

注:*处表示相比哈里斯(Harris)市场潜能,结构化市场潜能需要通过间接估计得到。以中国为样本计算的结构化市场潜能往往采用二步法:一方面,利用中国八大区域间的投入产出数据进行贸易引力方程的回归;另一方面,将区域层面的市场潜能分解到地区层面,主要依据是某地区占其所在区域国内生产总值(GDP)的比重。具体可参见范剑勇等(2009)、赫林等(Hering et al., 2010a, 2010b)对中国地级市场潜能的计算。

就影响流动人口收入水平的个人特征变量而言,本章的发现与以往研究一致。模型(7)显示,平均而言,男性的收入比女性高22.12%,年龄对流动人口的收入影响呈倒U字形,教育显著提高了流动人口的收入,汉族相对少数民族的收入高1.92%,已婚人士与未婚人士的收入差别为7.80%。迁移时间越长往往代表工作经验更丰富,因此收入水平也相对较高。相对于短距离(省内同市)的迁移方式而言,跨省和省内跨市的迁移成本更高,因此需要更高的收入水平来补偿,模型(7)中跨省迁移和省内跨市显著正向的估计系数印证了这一点。

(2) 稳健性检验

以往文献关于市场潜能测度的形式并不统一,参考以往文献(Hering et al.,2010b;Kamal et al.,2012;韩峰等,2012),表4-4报告了不同形式的市场潜能估计结果。首先,为了论证市场潜能的估计方向不受距离衰减参数的影响,模型(1)、模型(2)分别报告了距离衰减参数取1.5以及最大值2的估计结果。可以发现,市场潜能扩大显著提升流动人口收入水平的结论依旧成立,只不过随着距离衰减参数的变大,供给周边市场的运输成本也随之增加,导致市场潜能的估计系数由0.0572下降为0.0372。其次,哈里斯(Harris)市场潜能的计算并未考虑本地市场,此时市场潜能大的地区往往是大城市的周边地区,从而低估了大城市的作用。为了消除这一偏误,参考以往文献(Head et al.,2004),模型(3)中市场潜能的计算加入了本地市场,此时市场潜能的估计系数依旧显著为正。最后,选择合适的市场规模代理变量也是一个难题。鉴于夜间灯光数据可以相对避免国内生产总值(GDP)的统计误差与行政区划调整的影响,因此夜间灯光亮度可以近似作为国内生产总值(GDP)的替代指标(Henderson et al.,2012;刘修岩,2014;徐康宁等,2015)。即便利用2013年的夜间灯光亮度重新计算市场潜能,模型(4)估计显示,大市场地区显著促进了流动人口的收入水平,再次证明了基准模型结论的稳健性。此外,表4-4表明,改变市场潜能的测度形式并不影响其他变量的估计结果。

表4-4 稳健性检验估计结果

类别	模型(1) $GDP/dis^{1.5}$	模型(2) GDP/dis^2	模型(3) 包含本地	模型(4) 夜间灯光	模型(5) IV估计
市场潜能	0.0572*** (0.0180)	0.0372*** (0.0108)	0.0965*** (0.0352)	0.1511** (0.0681)	0.0557*** (0.0188)
人口密度	0.0211** (0.0087)	0.0186** (0.0088)	0.0232*** (0.0087)	0.0234*** (0.0088)	0.0258*** (0.0085)
土地面积	0.0218** (0.0085)	0.0226*** (0.0085)	0.0216** (0.0084)	0.0215** (0.0084)	0.0213** (0.0083)
到最近海港的距离	-0.0085 (0.0065)	-0.0080 (0.0063)	-0.0090 (0.0065)	-0.0118* (0.0071)	-0.0083 (0.0066)

续表 4-4

类别	模型(1) $GDP/dis^{1.5}$	模型(2) GDP/dis^2	模型(3) 包含本地	模型(4) 夜间灯光	模型(5) IV 估计
生活成本	0.074 9*** (0.027 2)	0.074 6*** (0.027 0)	0.074 5*** (0.027 2)	0.075 1*** (0.027 2)	0.075 7*** (0.027 2)
常数项	5.842 9*** (0.245 3)	5.860 2*** (0.247 8)	5.250 0*** (0.314 0)	4.208 2*** (0.752 0)	5.711 0*** (0.413 5)
个人特征	YES	YES	YES	YES	YES
生活舒适度	YES	YES	YES	YES	YES
城市层级	YES	YES	YES	YES	YES
职业类型	YES	YES	YES	YES	YES
行业类别	YES	YES	YES	YES	YES
企业所有制	YES	YES	YES	YES	YES
省份	YES	YES	YES	YES	YES
样本数(N)/个	99 026	99 026	99 026	99 026	99 026
拟合优度(R^2)	0.323 5	0.323 6	0.323 4	0.323 3	0.323 2

注：IV 估计即工具变量(Instrumental Variable)估计。下同。

(3) 处理内生性

接下来，我们处理市场潜能可能存在的内生性问题。首先，使用滞后到 2013 年的市场潜能解释 2014 年的流动人口收入水平，这在一定程度上已经消除了反向因果导致的内生性影响。其次，哈里斯(Harris)市场潜能度量的是周边加总的市场，理论上也没有证据支持居住在本地的流动人口会对周边的整体市场形成较大冲击。最后，不同测度形式的市场潜能相互印证，降低了测量误差的可能性。因此，遗漏既与市场潜能相关而又影响流动人口收入水平的变量，成为本章内生性的主要来源。虽然我们在模型中已经控制了本地市场与国际市场、生活成本、舒适度、城市层级等变量，但并不能穷尽所有潜在的影响因素。因此，这里使用工具变量估计的方法来尽可能地减轻遗漏变量偏误。

本章采用文献中经常使用的地理中心度作为市场潜能的工具变量(Head et al., 2004；刘修岩，2014)，其等于任意两地之间距离倒数之和的自然对数。构造方式的相似性(分母相同)决定了中心度与市场潜能具有天然的相关性，大市场的地区往往位于国家的相对中心位置。由工具变量的第一阶段估计可知，中心度对市场潜能的估计系数显著为正，第一阶段的 F 值为 50，满足了工具变量的相关性标准。此外，地理中心度不随时间变化，从而确保了工具变量的相对外生性。表 4-4 中的模型(5)报告了中心度作为工具变量的估计结果，可以发现，市场潜能的估计系数依旧显著为正。因此，即便考虑到市场潜能的内生性，也并未改变前文的研究结论。

2)市场潜能对流动人口收入的异质性效应

(1)考虑流动人口技能水平的异质性

前文是将不同技能水平的流动人口放在一起进行回归,可以认为得到的是市场潜能对流动人口收入的平均效应。那么,对于不同技能水平的流动人口而言,均能从大市场中获得收益吗?讨论这一问题的意义在于,现实中政府(特别是大城市)往往采取高技能偏向的户籍政策,认为城市的发展只需要更多的高技能人才,在落户、就业、公共服务等方面给予高技能人才一系列优惠政策,而对于低技能的流动人口则采取严格限制的政策(梁文泉等,2015)。如果低技能的流动人口也能从经济集聚中获益,那么就表明大城市应该采取更加包容的人口政策,尊重流动人口自由选择的权利。

为了验证这一猜想,根据流动人口受教育水平的不同,我们将基准模型的样本进行分组估计。以往文献关于高低技能的划分标准并不统一,为了验证结论的稳健性,表4-5的前两列认为小于等于9年(即初中及以下受教育水平)是低技能劳动力,大于9年(初中以上)是高技能,后两列则以12年(即是否读完高中)为划分标准。由模型(1)、模型(2)市场潜能显著为正的估计系数可知,经济集聚不仅提高了高技能流动人口的收入水平,而且让低技能流动人口同样能从大市场中获益。虽然高技能样本中市场潜能的弹性系数(0.096 4)大于低技能样本(0.090 6),但两者并不具有统计上的显著性差异,即邻近市场并不是解释技能溢价的主要原因[⑤],卡马尔等(Kamal et al.,2012)以中国居民收入调查(CHIPS)数据展开的研究也发现了类似的结论。表4-5的后两列证明了这一结论的稳健性,即便是以是否完成高中教育作为高低技能的划分标准,市场潜能扩大同样可以提高低技能流动人口收入的结论依旧成立。

表4-5 考虑高低技能异质性的估计结果

类别	模型(1) ≤9年	模型(2) >9年	模型(3) ≤12年	模型(4) >12年
市场潜能	0.090 6*** (0.034 7)	0.096 4* (0.051 4)	0.084 6** (0.034 2)	0.145 1** (0.063 2)
人口密度	0.024 8*** (0.009 3)	0.023 6** (0.010 5)	0.021 7** (0.008 5)	0.033 5** (0.013 9)
土地面积	0.022 3** (0.008 8)	0.019 2* (0.010 4)	0.019 6** (0.008 2)	0.031 3** (0.014 1)
到最近海港的距离	−0.009 2 (0.006 5)	−0.007 2 (0.007 6)	−0.009 9 (0.006 3)	−0.003 2 (0.008 8)
生活成本	0.042 4* (0.024 2)	0.139 5*** (0.035 1)	0.056 9** (0.024 7)	0.197 1*** (0.041 9)
常数项	5.768 5*** (0.310 5)	4.178 2*** (0.434 7)	5.688 4*** (0.296 5)	3.511 6*** (0.557 3)

续表 4-5

类别	模型(1) ≤9 年	模型(2) >9 年	模型(3) ≤12 年	模型(4) >12 年
个人特征	YES	YES	YES	YES
生活舒适度	YES	YES	YES	YES
城市层级	YES	YES	YES	YES
职业类型	YES	YES	YES	YES
行业类别	YES	YES	YES	YES
企业所有制	YES	YES	YES	YES
省份	YES	YES	YES	YES
样本数(N)/个	59 465	39 561	80 980	18 046
拟合优度(R^2)	0.275 1	0.373 4	0.276 0	0.415 3

(2) 考虑流动人口居住时间的异质性

德拉罗卡(de la Roca et al.,2017)认为流动人口从经济集聚中获得收入有两种表现形式:第一,静态效应或水平效应。流动人口来到大市场中就立即可以获得集聚经济效应,而一旦选择离开大市场,则获得的经济集聚优势立即消失。第二,动态效应或增长效应。由于大市场存在的干中学机制,流动人口可以不断地累积人力资本,因此获得的经济集聚效应随工作时间的增加而逐渐增强,即便离开大市场,这种优势也不会立即消失。由于流动人口调查数据中并未包含流出状况的信息,因此这里仅从居住时长⑥检验流动人口从大市场中获得的工资溢价是源自经济集聚的静态效应还是动态效应。具体而言,基于流动人口在流入地居住的时长将样本划分为<5 年、5—10 年、>10 年三组样本,表 4-6 报告了不同居住时长样本的估计结果。

表 4-6 考虑居住时间异质性的估计结果

类别	模型(1) <5 年	模型(2) 5—10 年	模型(3) >10 年
市场潜能	0.065 2* (0.034 8)	0.092 9* (0.053 7)	0.194 9*** (0.068 5)
人口密度	0.023 6*** (0.007 5)	0.021 1 (0.013 3)	0.020 3 (0.019 3)
土地面积	0.020 2*** (0.007 6)	0.019 7 (0.013 3)	0.023 5 (0.017 6)
到最近海港的距离	−0.006 7 (0.006 6)	−0.011 6 (0.008 7)	−0.032 3*** (0.010 2)
生活成本	0.066 3** (0.027 3)	0.111 3*** (0.036 0)	0.100 4** (0.050 0)

续表 4-6

类别	模型(1) <5年	模型(2) 5—10年	模型(3) >10年
常数项	5.841 6*** (0.289 0)	5.545 0*** (0.459 1)	4.160 2*** (0.712 4)
个人特征	YES	YES	YES
生活舒适度	YES	YES	YES
城市层级	YES	YES	YES
职业类型	YES	YES	YES
行业类别	YES	YES	YES
企业所有制	YES	YES	YES
省份	YES	YES	YES
样本数(N)/个	69 410	21 697	7 919
拟合优度(R^2)	0.310 0	0.353 4	0.371 0

如果经济集聚表现为动态效应,那么市场潜能的估计系数将会随着流动人口在流入地居住时间的增加而增加,反之,则并不会呈现明显的变化趋势。比较表 4-6 模型(1)至模型(3)中市场潜能的估计系数可以发现,经济集聚对流动人口收入均存在显著的正向影响,且这一促进作用呈现逐年增加的趋势。特别是,相对于不足 5 年居住时间的流动人口而言,超过 10 年居住时长的流动人口从大市场中获得的收入优势更为显著。因此可以认为,在前文得出的经济集聚对工资溢价的影响中,动态效应起主导作用。这一发现的意义在于,为了流动人口能够共享经济集聚效应,大城市除了应该放松对流动人口的限制之外,更应该帮助流动人口在迁入地实现安居乐业以及真正的市民化。

4.4 本章结论与政策启示

本章利用最新的流动人口动态监测数据,以流动人口在哪里就业可以获得更高的收入为关键研究问题,弥补了以往局限于分析本地户籍人口福利效应的不足。研究发现,在控制了流动人口个人特征、迁移成本、城市规模和密度、生活成本、城市层级等影响因素之后,表征经济集聚的市场潜能对流动人口的个人收入具有显著的促进作用,平均而言,市场潜能每扩大 1%,流动人口的月收入将大约增加 0.09%。即便改变市场潜能的测度形式以及使用工具变量估计的方法,大市场显著提升流动人口收入的结论依旧是稳健的。对流动人口技能水平以及在迁入地居住时长的异质性分析发现,低技能流动人口同样可以从经济集聚中获益,流动人口从大市场获得的收入优势具有随居住时间的增加而增长的动态效应。

关于当前中国应该走什么样的城镇化道路,优先发展大城市还是小城镇,学术界和政策层面一直都存在争论。本章的发现表明,即便考虑到生活成本,当前大城市的收入优势依旧存在。因此,政府不应过度强调大城市人口集聚所带来的负面效应,主观认为通过实行严格的人口限制政策可以缓解城市病的做法值得商榷。相反,应该充分尊重劳动力自由流动的权利,通过发挥大城市的集聚经济效应来实现区域之间的平衡发展。流动人口从大城市获得的收入优势远远低于本地户籍人口提示我们,大城市亟须转变高技能偏向的户籍政策,想方设法让更多的流动人口参与城市发展中,并帮助其实现安居乐业,才是既符合城市发展规律又可体现大国人文关怀的措施。

第 4 章注释

① 空间均衡模型的核心思想是保留效用=工资+生活舒适度−生活成本+偏好。假定地区之间的生活舒适度和个人偏好相同,如果空间均衡成立,那么意味着房价高的地方往往工资也相对较高(Rosen,1979;Roback,1982;Glaeser et al.,2009a;Albouy et al.,2015)。范剑勇等(2015)从土地供给的角度分析了中国城市化模式,发现中国城市存在"工资与房价增长悖论",即工资的上涨幅度小于房价的上升。与之相类似,巴勃罗·肖万等(Pablo Chauvin et al.,2017)也指出空间均衡在中国仅能得到部分证明。例如,中国城市的案例并不支持气候条件与实际工资负向关系的空间均衡假设。

② 仅有的两篇以流动人口为研究对象的经验研究,就得出了截然相反的结论。王建国等(2015)认为城市规模的扩张提高了农民工的工资水平,而宁光杰(2014)则发现城市规模的工资升水并不大。

③ 例如,人口大省河南省在《河南省人民政府关于深化户籍制度改革的实施意见》中明确了如下的调整户口迁移政策:全面放开建制镇和小城市落户限制;进一步放开中等城市落户限制;有序放开大城市落户限制;合理确定省会城市落户条件;促进有能力在城镇稳定就业的人员进城落户。

④ 宁广杰(2015)指出,由于体制等因素的制约,中国大多数的流动人口进城就业,并没有打算长期居住,他们在城市的消费能力有限,主要想的是获得收入回家消费,因此地区间物价的差异对收入水平的影响不会太大。

⑤ 由表4-5生活成本变量在分组样本的估计系数可得,生活成本可以部分解释高低技能溢价。高技能流动人口对于生活成本更加敏感,需要获得更高的收入水平来补偿,因此高技能样本下生活成本的估计系数显著大于低技能样本。

⑥ 对应问卷中的问题是"本次流动时间",用 2014 年减去本次流动开始年份得到流动人口在迁入地的居住时长(单位为年)。

5 市场潜能、劳动力流动与经济增长

5.1 引言

前文以企业创业的区位选址以及流动人口的迁移决策为例,论证了集中在大市场(市场潜能大的地区)创业更有效率,而且在大市场就业可以带来更高的收入。接下来,我们将转向地区层面,通过加入劳动力流动这一关键变量,论证发展中的大国如何实现空间效率与区域平衡的双赢。

无论从全球范围来看,还是国家内部尺度比较,抑或以一个较小的区域层级为例,经济活动在地理空间上的分布都极为不均衡。中国作为一个发展中的大国,这种空间不均衡现象尤为突出,经济地理整体呈现出多层级的核心—边缘空间结构。事实上,集聚是经济发展的普遍趋势,人口和产业聚集在一个或少数几个地方,可以充分利用由"共享""匹配""学习"所带来的集聚经济效应。问题在于,经济活动集聚发展在带来更高效率的同时,是否必然会加剧地区间发展的不均衡?区域政策如何在空间效率与区域平衡之间取舍?伴随着中国经济进入增长速度放缓的新常态时期,探讨这些问题关乎中国的可持续发展与国际竞争力。

在港口第一性和规模经济第二性因素的循环累积作用下,中国的经济活动在沿海地区不断集聚,在对经济总量和增长速度产生巨大贡献的同时,地区间的发展差距在2004年之前呈现出总体扩大的趋势。这就需要政府在促进区域协调发展方面做出更多的努力。如前文所述,区域政策的干预范式可大致归纳为"空间中性"与"空间干预"两种类型。前者鼓励集聚、移民与专业化发展,认为针对特定地方的空间干预应该最后且最少使用;后者则强调了地理背景的重要性,认为只有实施针对特定地方的干预政策才能影响区域发展的路径。面对不断扩大的区域差距,中央政府在2003年前后实施了一系列偏向内陆地区的空间干预政策组合(陆铭等,2014c)。这些基于地方的空间干预政策表面上实现了政策的预定目标,区域间的收敛趋势在2005年左右逐步显现。然而,此类政策的长期效应却存在不确定性,特别在劳动力流动不充分的条件下,仅凭"以地为主"的干预政策可能既损失了总体的空间效率,又对经济社会的可持续发展构成威胁(陈钊等,2009;陆铭,2013)。国际经验则表明,地区间的差距只是个阶段性的现象,在要素特别是劳动力自由流动的作用下,经济向少数地区的持续集聚最终将带来人均生活质量意义上的空间均衡(Glaeser et al.,2008;World Bank,2009;Partridge et al.,2015)。基于此,本章将重点讨论在经济集聚中如何实现效率与平衡的双赢。

相较以往研究,本章是在新经济地理学的框架下探讨空间效率与区域平衡之间的关系。一方面,用市场潜能测度是由于需求和成本相互关联形成了空间外部性。另一方面,重点考察了市场潜能对地区收入差距的作用受劳动力供给弹性的制约。研究发现,在集聚经济作用下,市场潜能是促进地区经济增长的重要力量;劳动力流动既促进了本地的经济增长,又缩小了地区之间由于市场潜能差异导致的地区经济增长差距;劳动力流动的"一正一负"效应对于省内迁移与人口的流入地更加显著。进一步得出,促进劳动力要素的自由流动对实现空间效率与区域平衡的双赢至关重要。

本章的结构安排如下:第5.2节基于新经济地理学理论对相关研究进行综述;第5.3节为模型设定与变量选取,并分别从空间效率与区域平衡两个方面探讨了模型的估计结果;第5.4节是结论及政策建议。

5.2 相关研究与文献

关于地区间经济增长的差距问题,古典增长理论认为劳动力与资本等要素投入发挥了重要作用,而新增长理论强调了技术进步与人力资本累积的重要性。不同于此,新经济地理学理论运用主流经济学一般均衡的分析方法,在规模报酬递增、冰山运输成本与要素流动的条件下,将经济活动空间集聚与不平等的程度归因于需求和成本相关联、循环累积所形成的空间外部性的大小(Fujita et al.,1999,2013)。这种空间外部性可以用距离作为权重的周边所有地区市场容量的加总即市场潜能来测度,以反映一个地区所提供的商品和服务的潜在需求规模。因此,市场潜能作为新经济地理学的核心概念,本质上反映了产业集聚所形成的空间外部性(范剑勇等,2010)。海德等(Head et al.,2004)、库姆斯等(Combes et al.,2008b)将市场潜能的效应总结为"市场潜能提高要素价格、市场潜能导致要素流入"等实证命题。进一步来看,海德等(Head et al.,2006)将面对需求冲击时工资等要素价格的上涨称为"价格调整"(price adjustment)效应,而将就业增加与产业结构的变化称为"数量调整"(quantity adjustment)效应,并指出其中的关键在于劳动力是否能够自由流动。如果劳动力可以完全自由流动,那么新工人的到来将填补额外的需求,因此工资保持相对不变,仅带来就业增加和产业结构的变化,即产生了数量调整的极端状态;如果劳动力完全不能自由流动,此时外部需求的增加将导致工资上升,即出现绝对的价格调整效应。

从经验研究来看,大量文献聚焦于市场潜能对要素价格的影响,基本上均发现了市场需求的空间分布是地区间收入差距的重要原因(Redding et al., 2004；Hanson, 2005；刘修岩等, 2007；范剑勇等, 2009；Hering et al., 2010a)。相比之下, 在考虑劳动力流动的异质性条件下, 市场潜能对要素价格影响的经验研究则相对较少。事实上, 市场潜能对要素价格的影响受地区结构化与制度化条件的制约, 特别是劳动力供给弹性的相对大小。劳动力流动性的不断加强促使了由要素价格调整向数量调整方向的转变, 有利于地区间收入差距的缩小以及产业结构的专业化(Head et al., 2006；Combes et al., 2008b；Brülhart et al., 2012)。

现有文献对这一条件的检验多采用间接的实证策略, 即同时考察市场潜能对要素价格(如工资)和数量(如就业)的影响, 并根据占据主导地位的调整效应推断劳动力流动性的相对大小。具体来看, 海德等(Head et al., 2006)基于欧盟 57 个地区 13 个产业层面的数据发现, 工资调整是主要的空间均衡调整路径, 鉴于欧盟内部劳动力的流动性较低, 就业调整效应尚未显现。与之相类似, 陈安平等(Chen et al., 2013)发现, 市场潜能有利于促进中国县域层面人均国内生产总值(GDP)的增长, 而户籍制度的限制阻碍了要素的数量调整, 因此对就业增长并不显著。然而, 奥塔维亚诺(Ottaviano, 2006)研究了芬兰标准地域单元体系(Nomenclature of Territorial Units for Statistics, NUTS)4 地区市场潜能对人口、人均收入以及房价的增长, 发现两种调整效应同时存在。布吕尔哈特等(Brülhart et al., 2012)利用双重差分法, 分析了市场潜能变化对奥地利边界市域工资和就业的影响, 发现工资的反应早于就业, 但整体上对就业增长的效应是工资增长的 3 倍。这些研究为理解市场潜能的作用机制提供了很好的尝试, 但由于其在估计方程中并未直接考虑市场潜能与劳动力流动的交互作用, 因此仅凸显了市场潜能所测度的空间效率, 而对于理解区域平衡则助益不大。

对于兼具转型与大国特征的中国而言, 探讨市场潜能、劳动力流动与地区差距之间的关系具有独特的理论价值和现实意义。一方面, 中国的劳动力流动存在诸如户籍政策等有形以及公民待遇等无形的制度障碍, 导致人口的空间集聚远远小于经济活动的集聚, 这就为检验新经济地理学有关市场潜能的作用机制提供了先天的试验田。另一方面, 伴随着迁移成本呈现逐渐下降的趋势, 探讨移民限制的不断放松能否缓解劳动力市场的分割, 进而能否削弱市场潜能的要素价格调整效应, 对于理解区域平衡具有重要的借鉴意义。经过检索发现, 仅有范剑勇(2013)的研究比较契合本章的分析框架。基于 1997 年中国 206 个地级市的截面数据, 通过加入市场潜能与反映移民流入高低的虚拟变量的交互项, 范剑勇(2013)发现中西部地区低技能劳动力向沿海地区的大量流入有利于缩小地区间的收入差距。本章正是以此为基础, 在劳动力流动的准确测度、市场潜能与劳动力流动的内生性处理、不同迁移方式的异质性效应、区分人口流入地和人口流出地等方面扩展这一研究主题。

基于以上论述, 本章可能的边际贡献体现为：(1)以往研究仅从空间效率的视角出发, 估计了市场潜能对地区收入差距的影响, 本章则论证了市场潜能对地区收入差距的作用受劳动力供给弹性的制约,利用人口普查中的迁入人口数据,构建市场潜能与劳动力流动的交互项,明确了兼顾空间效率与区域平衡的政策选择;(2)进一步考察了劳动力流动的异质性效应,比较了省内迁移与省外迁移、人口流入地与人口流出地效应的差别;(3)考虑集聚经济效应的发挥存在"可变地理单元问题"(Combes et al.,2015b),本章的分析基于县市单元,为论证更小地理范围的集聚经济效应提供了证据。

5.3 实证分析结果

5.3.1 模型设定、数据与变量说明

1) 模型设定

建立在 D-S 垄断竞争框架下,经过消费者效用最大化、生产者利润最大化以及冰山型运输成本技术等求解过程,新经济地理学理论推导出,市场需求的空间分布即市场潜能是决定地区间收入差异的重要影响因素。以此为理论基础,本章实证过程的第一步,借鉴奥塔维亚诺(Ottaviano et al.,2006)、潘文卿(2012)、刘修岩(2014)的实证策略,构建包含市场潜能在内的经济增长决定方程,考察初始阶段的市场潜能对长期经济增长的影响,实证模型的基本形式如下:

$$\ln \frac{pgdp_{i2010}}{pgdp_{i2000}} = \alpha + \beta \ln mp_{i2000} + \lambda city_{i2000} + \varepsilon_i \quad (5-1)$$

其中,α 表示常数项;β 表示市场潜能的估计系数;λ 表示地区层面变量的估计系数;ε 表示随机扰动项。

为了准确反映区域平衡的内涵,即不同地区经济增长速度的快慢,被解释变量采用对数形式测度的 2000—2010 年 11 年间人均国内生产总值(GDP)的增长率。鉴于 2000 年县域层面完整的工资数据不可得且数据质量普遍不高,参考以往文献的做法(Hering et al.,2010a;潘文卿,2012),这里采用人均国内生产总值(GDP)代表地区的人均收入。解释变量统一采用 2000 年的数据,可以在一定程度上减轻由于反向因果所导致的内生性问题。除关键解释变量市场潜能(mp_{i2000})外,借鉴以往研究中国地区经济增长的文献(潘文卿,2012;刘修岩,2014),模型中还控制了要素投入、人力资本、政府干预、集聚经济等变量(统一用 $city_{i2000}$ 表示),以便尽可能避免变量遗漏所带来的内生性偏误。

这里所关注的核心估计系数是 β,如果在控制了一系列地区特征影响因素之后,β 依旧显著为正,那么就表明市场潜能显著地提升了地区的经济增长率,即市场潜能越大的地方,经济增长越快。

2) 数据来源

本章的研究基于中国县市尺度,行政区划统一按照 2010 年的边界进

行相应调整,西藏自治区由于数据缺失从样本中剔除,总共 2 210 个县市,包含 286 个市区、363 个县级市、1 561 个县域。数据主要来自 2001 年、2011 年的中国县(市)社会经济统计年鉴、中国城市统计年鉴,其中,人口数据来自第五次、第六次全国人口普查数据。

3)变量说明

(1)被解释变量

人均实际国内生产总值(GDP)增长率为被解释变量。为了测度更加真实的人均国内生产总值(GDP),利用第五次、第六次全国人口普查数据中的常住人口统计口径。本章分别计算了 2000 年、2010 年的人均国内生产总值(GDP),且基于 2000 年不变价的省域层面的国内生产总值(GDP)平减指数,对 2010 年的国内生产总值(GDP)数据进行了相应调整。

(2)关键解释变量

市场潜能(mp)为关键解释变量。关于市场潜能的测度有不同的方法,相关讨论详见第 3 章。这里采用哈里斯(Harris)市场潜能,计算公式如下:

$$mp_i = \sum GDP_j/dis_{ij} \tag{5-2}$$

其中,GDP_j 表示 j 地区 2000 年的地区生产总值;dis_{ij} 表示地区 i 和地区 j 之间的大圆距离。

此外,为了论证估计结果不受市场潜能测度方式的影响,我们在稳健性检验中分别使用了设置不同距离衰减参数,包含本地市场规模以及用常住人口、社会零售品消费总额、夜间灯光替代国内生产总值(GDP)的哈里斯(Harris)市场潜能。

(3)其他控制变量

根据古典增长理论与新增长理论,本章对控制变量进行了选取,具体包含:期初的人均国内生产总值(GDP)($pgdp$),反映经济增长是否呈现条件收敛;各行业人口占常住人口的比重(lab),反映劳动力要素的投入;固定资产投资占国内生产总值(GDP)的比重(cap),反映物质资本投入;平均受教育年限(edu),反映人力资本投入;政府财政支出占国内生产总值(GDP)的比重(gov),反映政府对经济活动的干预程度;分别用城镇人口密度(den)与土地面积($area$)、到最近海港的距离(dis)反映本地市场以及国际市场的效应[①];此外,为控制不同等级城市的异质性,用 $urban1$ 表示高等级城市(直辖市、副省级城市和省会城市),用 $urban2$ 表示一般地级市,县域作为参照组。所有变量均以对数形式进入估计方程。表 5-1 给出了相关变量的描述性统计。

表 5-1 变量的描述性统计

变量	变量描述	个数/个	均值	标准差	最小值	最大值
$pgdp_{2000}$	2000 年人均国内生产总值(GDP)/元	2 210	8.45	0.67	6.52	11.18
$pgdp_{2010}$	2010 年人均国内生产总值(GDP)/元	2 210	9.54	0.70	7.54	12.40

续表 5-1

变量	变量描述	个数/个	均值	标准差	最小值	最大值
mp	哈里斯（Harris）市场潜能/(亿元·km^{-1})	2 210	4.74	0.42	3.28	5.57
lab	各行业人口占常住人口的比重/%	2 210	3.99	0.14	3.38	4.80
cap	固定资产投资占国内生产总值(GDP)的比重/%	2 210	2.21	0.97	−1.63	5.19
edu	平均受教育年限/年	2 210	1.96	0.20	0.39	2.41
gov	政府财政支出占国内生产总值(GDP)的比重/%	2 210	2.20	0.63	−1.43	4.54
den	城镇人口密度/(人·km^{-2})	2 210	3.73	1.73	−3.39	9.21
$area$	土地面积/km^2	2 210	7.61	0.98	3.95	12.25
dis	到最近海港的距离/km	2 210	5.96	1.08	0.63	8.19
$urban1$	高等级城市	2 210	0.02	0.12	0.00	1.00
$urban2$	一般地级市	2 210	0.11	0.32	0.00	1.00

5.3.2 模型估计结果

1) 空间效率：市场潜能对地区增长的影响

表 5-2 报告了市场潜能对县市层面经济增长的估计结果。模型(1)是本章的基准模型。需要说明的是，本章在基准模型中控制了本地与国际市场的变量，因此市场潜能反映的是源自周边市场的空间关联效应。普通最小二乘(OLS)估计显示，市场潜能在 1% 的显著水平下与人均实际国内生产总值(GDP)的增长率呈正相关，在控制其他影响因素后，市场潜能每提高 1 个百分点，经济增长提高约 0.26%。地区市场潜能越大，意味着拥有接近顾客和中间供应商的机会较多，吸引了大量生产差异化产品的厂商在该地区布局，经过规模经济效应的不断循环累积，最终带来了较高的劳动生产率与经济增长水平。因此，市场潜能越大的地方(大市场)，获得了相对较高的经济增长率，要素向这些地方集聚可以更好地发挥大国的空间效率。

与以往研究相比，本章基于 2 210 个县市得到的弹性系数相对较低。为凸显可比性，我们对同样采用哈里斯(Harris)市场潜能、被解释变量是经济增长的相关文献进行检索，发现最为相关的是潘文卿(2012)和刘修岩(2014)的研究，得到的弹性系数分别为 0.42 和 0.72，远大于本章约 0.26 的弹性系数。当然，不同的弹性系数很可能反映了模型采用了不同的控制变量，如是否控制规模及密度等。但值得注意的是，这两项研究都是以省域样本为分析单元，而本章则基于更小的县市尺度展开分析。县市尺度相对较低的弹性系数表明，一方面，集聚经济效应具有尺度依赖性，即

表 5-2 市场潜能与地区增长的估计结果

类别	模型(1) 基准模型	模型(2) GDP/dis^2	模型(3) 包含本地	模型(4) 常住人口	模型(5) 零售总额	模型(6) 夜间灯光	模型(7) IV 估计	模型(8) 空间计量
$\ln mp$	0.255 6*** (0.046 3)	0.111 2*** (0.019 2)	0.249 4*** (0.046 6)	0.187 7*** (0.049 2)	0.236 8*** (0.046 2)	0.307 8*** (0.050 4)	0.169 2*** (0.062 5)	0.219 6*** (0.034 9)
$\ln pgdp$	−0.095 8*** (0.033 3)	−0.108 8*** (0.033 4)	−0.101 6*** (0.033 0)	−0.085 9** (0.035 6)	−0.105 7*** (0.033 0)	−0.086 7*** (0.032 6)	−0.105 6*** (0.034 1)	−0.111 2*** (0.018 3)
$\ln lab$	0.236 4** (0.101 1)	0.227 5** (0.101 5)	0.234 7** (0.101 4)	0.242 8** (0.103 5)	0.249 1** (0.101 3)	0.222 6** (0.098 7)	0.260 4** (0.103 0)	0.182 0*** (0.062 6)
$\ln cap$	0.040 5** (0.016 1)	0.039 0** (0.016 0)	0.040 5** (0.016 1)	0.037 9** (0.016 3)	0.040 5** (0.016 2)	0.039 8*** (0.015 7)	0.037 6** (0.016 4)	0.039 3*** (0.010 1)
$\ln edu$	0.527 0*** (0.090 9)	0.519 3*** (0.089 7)	0.530 3*** (0.090 7)	0.535 0*** (0.091 0)	0.525 5*** (0.091 2)	0.459 3*** (0.091 5)	0.519 6*** (0.089 9)	0.447 2*** (0.051 7)
$\ln gov$	0.160 4*** (0.037 1)	0.166 2*** (0.037 3)	0.156 8*** (0.036 9)	0.154 5*** (0.037 2)	0.152 3*** (0.037 0)	0.173 4*** (0.037 7)	0.145 8*** (0.036 5)	0.136 4*** (0.020 6)
$\ln den$	0.037 8** (0.018 3)	0.036 1* (0.018 2)	0.035 6* (0.018 4)	0.041 4** (0.018 4)	0.039 8** (0.018 3)	0.046 8*** (0.018 6)	0.041 8** (0.018 6)	0.026 6** (0.011 2)
$\ln area$	0.135 1*** (0.023 4)	0.141 5*** (0.023 9)	0.132 9*** (0.023 4)	0.132 0*** (0.023 7)	0.131 7*** (0.023 5)	0.145 0*** (0.023 9)	0.124 5*** (0.023 3)	0.104 3*** (0.013 7)
$\ln dis$	0.012 9 (0.015 2)	0.011 2 (0.015 8)	0.012 1 (0.015 2)	−0.009 9 (0.015 0)	0.018 8 (0.015 5)	0.016 9 (0.014 1)	0.000 5 (0.016 8)	0.000 8 (0.011 2)

续表 5-2

类别	模型(1) 基准模型	模型(2) GDP/dis^2	模型(3) 包含本地	模型(4) 常住人口	模型(5) 零售总额	模型(6) 夜间灯光	模型(7) IV 估计	模型(8) 空间计量
$urban$	YES	YES	YES	YES	YES	YES	YES	YES
常数项($cons$)	−2.938 4*** (0.683 0)	−1.483 6** (0.624 0)	−2.826 3*** (0.676 5)	−2.626 8*** (0.718 9)	−2.671 7*** (0.670 7)	−3.411 6*** (0.673 9)	−2.349 0*** (0.720 9)	−2.773 1*** (0.572 2)
$centra$	—	—	—	—	—	—	0.979 1*** (0.022 5)	—
第一阶段 F 值	—	—	—	—	—	—	1 896.25	—
样本数(N)/个	2 210	2 210	2 210	2 210	2 210	2 210	2 210	2 210
拟合优度(R^2)	0.146 9	0.142 9	0.145 0	0.134 5	0.143 5	0.161 1	0.143 6	0.152 0

的确存在"可变地理单元问题",基于不同空间尺度的研究成为必要;另一方面,相比省域尺度的空间关联效应,受制于市场规模、邻近性等原因,县市层面的空间相互作用则体现不足,空间效率亟须进一步提升。

就影响经济增长的其他变量而言,期初的人均国内生产总值(GDP)对经济增长的估计系数显著为负,表明县市尺度的经济增长存在条件收敛趋势;劳动力、物质资本和人力资本依旧是经济增长的重要因素,这从三者显著为正的估计系数可以得出;政府支出占比的估计系数显著为正,可能的解释是,鉴于数据可得性,我们无法对政府财政支出的具体结构进行细化,当政府支出更多用于交通、通信等基本建设性支出领域时,会显著地促进经济增长(盛斌等,2011);测度本地市场的密度和规模变量至少在5%的显著水平上与经济增长呈正相关,表明的确存在"共享""匹配""学习"机制作用下的集聚经济效应;国际市场对经济增长的影响并不显著,很有可能是因为代理变量的问题,这需要在未来的研究中进一步分析。

接下来,我们对基准模型进行了一系列稳健性检验。

第一,设置不同的距离衰减参数。以往基于中国的经验研究使用的距离衰减参数并不统一,大致处于1—2区间之内(Kamal et al.,2012;韩峰等,2012)。因此,为验证不同距离衰减参数的哈里斯(Harris)市场潜能对估计结果的影响,我们设定了不同的参数重新估计,为节约篇幅,模型(2)仅给出参数取最大值2的结果。可以发现,市场潜能的估计系数依旧显著为正,只不过此时需要支付更高的运输成本,导致源自市场关联的空间外部性显著降低,估计系数出现了明显下降。

第二,考虑到忽视本地市场规模可能带来的偏差,模型(3)给出了将本地市场规模计算在内的市场潜能估计结果。借鉴海德等(Head et al.,2004)文献,本地市场规模等于国内生产总值除以本地距离,距离约等于2/3个行政区面积。与基准模型(1)相比,市场潜能估计系数的方向、大小和显著性水平基本没有发生变化,从而证明了结果的稳健性。

第三,关于如何测度周围地区的潜在需求能力,以往研究使用的代理变量并不统一(Ottaviano et al.,2006;Hering et al.,2010a;韩峰等,2012)。模型(4)、模型(5)分别使用常住人口规模和全社会消费品零售总额替代国内生产总值(GDP),测度潜在的需求能力。由估计结果可知,虽然人口规模和零售总额测度的市场潜能估计系数有所下降,但方向和显著性依旧保持一致。

第四,在"唯国内生产总值(GDP)论"的政绩考核体制下,中国的地方政府存在夸大国内生产总值(GDP)统计数据的可能性。借鉴相关文献(Henderson et al.,2012;刘修岩,2014;徐康宁等,2015),本章采用美国国防气象卫星计划—线性扫描业务系统(Defense Meteorological Satellite Program-Operational Linescan System,DMSP-OLS)夜间灯光数据解决潜在的国内生产总值(GDP)测量误差及造假问题,该数据来自美国国家海洋和大气管理局(NOAA)网站。一方面,利用地理信息系统软件ArcGIS

从 2000 年全球夜间灯光数据中提取中国区域的数据。另一方面,对每个县市的灯光亮度进行加总,得到总体的灯光亮度[②]。由模型(6)可知,即便采用每个地方的灯光数据来测度市场潜能,市场潜能显著提升经济增长的结论依旧是稳健的。

第五,关于内生性问题的处理。一方面,本章用期初的市场潜能对长时间段的经济增长进行估计,在一定程度上避免了反向因果所导致的内生性。另一方面,不同类型的市场潜能相互印证,相对解决了潜在的测量误差问题。然而,囿于决定经济增长的因素纷繁复杂,不可避免地存在遗漏同时影响市场潜能与经济增长的变量,那么此时得到的估计结果将是有偏与不一致的。因此,遗漏变量可能是本章内生性的主要挑战。这里采用工具变量估计解决潜在的遗漏变量问题,估计结果见模型(7)。参考以往文献(Hering et al.,2010a;刘修岩,2014),本章选择各县市的"地理中心度"(centra)作为市场潜能的工具变量,其等于任意两地之间距离倒数之和的自然对数,计算公式为 $centra_i = \ln \sum_{j \neq i} d_{ij}^{-1}$。就相关性而言,相对中心的区位有利于接近周边市场,因此市场潜能较高。工具变量第一阶段的估计证实了这一猜测,中心度对市场潜能的估计系数约为 0.979 1,且在 1% 的统计水平上显著,第一阶段的 F 值为 1 896.25,满足工具变量的相关性标准。同时,中心度作为典型的地理变量,其仅反映了样本的相对地理位置,在一定程度上确保了相对外生,这也是很多研究选取地理变量作为工具变量的主要原因之一。由第二阶段的估计结果可知,市场潜能的估计系数依旧显著为正,再次论证了基准模型结论的稳健性。

第六,鉴于地区间经济增长普遍存在的空间相关性,本章使用任何两地之间距离的倒数作为空间权重矩阵 **W**,对基准模型(1)进行空间依赖性检验。根据安塞林(Anselin et al.,2004)提出的标准发现,适合本章的空间计量模型是同时包含空间滞后项和误差项的空间自相关模型(Spatial Autocorrelation Model,SAC)。模型(8)给出了基于极大似然(ML)估计空间自相关模型(SAC)模型的结果,可以发现,即便考虑到空间相关性,市场潜能对经济增长仍旧存在显著正向的促进作用。

第七,考虑到县级层面统计数据的质量普遍不高(刘冲等,2014;宋小宁等,2015),为避免估计结果受异常值影响,且最大限度地保存样本信息,我们使用缩尾法(winsorize)将最低和最高 1% 的观测值分别赋予 1%、99% 分位数点的数值,结果发现估计结果并未发生变化,限于篇幅未报告结果。

总之,改变市场潜能的测度形式、考虑市场潜能可能存在的内生性问题以及经济增长的空间相关性之后,市场潜能显著提升地区经济增长的结论并未发生变化。

大市场的地方经济增长速度更快,这正是发挥空间效率的结果。然而,鉴于市场潜能的空间分布呈现沿海到内陆高度稳定的圈层递减格局,那么远离市场的内陆边缘地区如何缩小与沿海地区的经济增长差距呢？一种方案是，政府采取人为平衡地区间经济活动的政策，促进企业从沿海地区迁移至内陆地区，即空间干预政策。但正如第 2 章所论述，这种基于地方的政策往往导致效率与平衡皆失。因此，本章接下来重点论证另一种方案的有效性，即劳动力自由流动是否可以实现空间效率与区域平衡的双赢？

2) 区域平衡：劳动力流动的作用

(1) 市场潜能、劳动力流动与地区增长

根据新经济地理学理论可知，市场潜能对地区收入差距的影响受劳动力供给弹性相对大小的制约。劳动力流入的地方，市场潜能对要素价格的冲击效应将被新流入的劳动力所抵消，从而降低了市场潜能所导致的地区收入差距，有利于区域平衡目标的实现。因此，下文待检验的命题是，劳动力的自由流动有利于实现空间效率与区域平衡的双赢。根据新经济地理学有关市场潜能作用机制的理论，并参考范剑勇（2013）的实证策略，我们在基准模型中加入劳动力流动以及市场潜能与劳动力流动的交互项，估计方程如式(5-3)所示。如果在控制了其他影响因素之后，劳动力流动的估计系数显著为正，而交互项的系数显著为负，则表明劳动力流动既有利于促进经济增长，又在边际上降低了市场潜能的作用，即实现了在集聚中走向平衡。

$$\ln \frac{pgdp_{i2010}}{pgdp_{i2000}} = \alpha + \beta \ln mp_{i2000} + \gamma \ln mig_{i2000} + \mu \ln mp_{i2000} \times \ln mig_{i2000} + \lambda city_{i2000} + \varepsilon_i \quad (5-3)$$

其中，α 表示常数项；β 表示市场潜能的估计系数；γ 表示迁入人口占比的估计系数；μ 表示市场潜能与迁入人口占比交互项的估计系数；λ 表示地区层面变量的估计系数；ε 表示随机扰动项。

这里使用"第五次人口普查分县（市、区）主要数据中的迁入人口"，构建 2000 年各县市迁入人口占常住人口的比重指标（mig），以此作为劳动力流动的代理变量。迁入占比越大，表明该地区吸引了越多的劳动力，同时意味着对外来人口的制度限制相对较小。估计结果见表 5-3。

表 5-3 中的模型(1)给出了仅考虑市场潜能、劳动力流动以及两者之间交互作用的估计结果。模型(2)加入了其他的控制变量，考察对模型(1)估计结果的影响。鉴于劳动力的流动会受到经济周期等随机因素的影响，仅采用 2000 年数据可能并不能准确地测度劳动力的流动状况，基于数据的可得性，模型(3)计算了 2000 年与 2010 年迁入占比的均值，以便测度更加真实的劳动力流动。为进一步检验估计结果的稳健性，模型(4)根据 2000 年迁入占比的均值生成虚拟变量 dum_mig，高于迁入占比均值的地区为 1，低于均值的地区为 0，考察该虚拟变量以及与市场潜能交互项的系数。模型(5)通过工具变量估计的方法来进一步验证模型(4)的稳健性。模型(6)则考虑到了遗漏变量可能带来的估计偏误，通过增加可能同时影响劳动力流动与经济增长的变量，对模型(2)重新估计。

表 5-3 市场潜能、劳动力流动与地区增长的估计结果

类别	模型(1) 未控制	模型(2) 全部控制	模型(3) 迁入均值	模型(4) 迁入虚拟	模型(5) IV 估计	模型(6) 增加变量
$\ln mp$	0.176 3** (0.071 2)	0.432 9*** (0.071 0)	0.516 9*** (0.083 1)	0.346 5*** (0.058 0)	0.231 4*** (0.043 6)	0.411 2*** (0.087 0)
$\ln mig$	0.466 6*** (0.146 1)	0.467 9*** (0.130 7)	0.732 3*** (0.151 2)	—	—	0.441 7*** (0.141 5)
$\ln mp \times \ln mig$	−0.097 8*** (0.031 0)	−0.071 7** (0.027 9)	−0.108 3*** (0.032 1)	—	—	−0.069 6** (0.030 4)
dum_mig	—	—	—	0.715 0*** (0.253 1)	0.495 2** (0.237 4)	—
$\ln mp \times dum\_mig$	—	—	—	−0.126 4** (0.053 5)	−0.081 2* (0.043 9)	—
$city$	NO	YES	YES	YES	YES	YES
$amenity$	NO	NO	NO	NO	NO	YES
样本数(N)/个	2 210	2 210	2 210	2 210	2 210	1 806
拟合优度(R^2)	0.008 4	0.183 6	0.224 0	0.163 9	0.159 9	0.210 7

注：dum_mig 为模型根据 2000 年迁入占比的均值生成的虚拟变量。$amenity$ 包含 1 月份平均气温、年均降水量、方言多样性指数三个变量。

具体来看，当不包含其他影响因素时，模型(1)显示，迁入占比在 1% 的显著性水平上为正，且市场潜能与迁入占比的交互项与经济增长呈现出显著的负相关。这表明，一个地方吸引的流动人口越多，越有利于与本地人口形成技能的互补，通过规模经济、学习效应、人力资本等外部性的不断累积，最终促进了该地区的经济增长；同时，劳动力流入在一定程度上填补了市场潜能扩大所产生的劳动力需求缺口，在边际上抑制了市场潜能对经济增长的促进作用。劳动力流动所带来的"一正一负"效应恰好体现了在集聚中走向平衡：既发挥了空间效率导向下的"人往高处走"，又起到了缩小地区之间经济增长差距的目的。这就为进一步促进劳动力的自由流动提供了理论根据。这一发现的政策含义在于，"以人为主"的区域政策通过促进劳动力的自由流动，实现空间效率与区域平衡的双赢。因此，中西部地区低技能劳动力向沿海地区的大量流入，一方面促进了沿海地区的经济增长，另一方面则缩小了区域之间经济增长的差距。即使在考虑其他控制变量、更准确度量劳动力流动以及考虑高低迁入地区时，模型(2)至模型(4)表明，迁入占比显著为正、交互项显著为负的结论依旧存在。为减小市场潜能内生性所导致的估计偏误，模型(5)对模型(4)采用了工具变量估计，使用了前文的中心度、中心度与迁入虚拟的乘积，作为市场潜能、市场潜能与迁入虚拟乘积的工具变量。由估计可知，劳动力流动产生的"一正一负"效应依旧是稳健的，只不过显著性有所降低。

接下来,处理劳动力流动可能存在的内生性问题:一则,关于测量误差问题。由于本章使用了现有资料中最为准确反映劳动力流动的数据资料,即"第五次人口普查分县(市、区)主要数据中的迁入人口",分别构建了2000年迁入人口占地区常住人口份额、2000—2010年迁入占比的均值指标,因此在一定程度上解决了劳动力流动的测量误差问题。这两个指标相互印证,增强了结论的稳健性。二则,反向因果并不构成主要威胁。虽然存在经济更发达的地区吸引了大量劳动力流入的事实,但是理论上决定劳动力流动的主要因素往往是当期工资水平的高低,而并非本章的被解释变量——11年间的经济增长率。通过计算相关系数可以发现,2000年人均国内生产总值(GDP)与2000年移民占比的相关系数高达0.6394,而2000—2010年人均国内生产总值(GDP)增长率与移民占比几乎不存在相关性,相关系数仅为0.0085。事实上,只有当给定工资水平时,更高的工资增长率才可能会影响劳动者的预期,产生对劳动者更大的吸引力。

因此,本书认为,遗漏与劳动力流动相关且同时影响经济增长的变量成为内生性的主要挑战。但是,由于找到只与劳动力流动相关而与经济增长不直接相关的工具变量非常困难[③],因此,这里采用增加控制变量的方法,使作为解释变量的劳动力流动尽可能地与模型的残差项不相关,从而保证估计结果的相对准确性。

表5-3的模型(6)在模型(2)的基础上,增加了1月份平均气温、年均降水量、方言多样性指数作为控制变量。一方面,基于以往研究(Black et al.,2003;de Sousa et al.,2011)可知,更好的气候条件可能同时影响了劳动力流动以及经济增长,因此本章选取了1月份平均气温、年均降水量作为控制变量。气候数据来自世界气候数据库网站(Worldclim),该数据根据分布在全球不同纬度、经度、海拔的气象站记录的1950—2000年气候数据插值形成。

另一方面,中国不同地区的文化因素很有可能同时影响了劳动力的迁移以及经济增长。现实中,劳动力更倾向于迁移至文化差异较小的地方,原因在于,沟通障碍等迁移成本相对较小,存在更容易实现就业、融入当地生活、积累社会网络等的便利性。近来基于中国的案例表明,除了传统的经济因素之外,文化差异确实影响了劳动力迁移的意愿、规模以及劳动力市场的表现(Chen et al.,2014;李秦等,2014;刘毓芸等,2015)。此外,经济增长文献的一个最新进展就是,实证检验文化对经济增长的影响(Doepke et al.,2014)。徐现祥等(2015)的研究也发现,中国的方言多样性对地级市的经济增长具有显著的负面影响,消除方言多样性可使人均产出提高多达30%。因此,遗漏文化因素很有可能使得模型的残差项与关键解释变量相关,从而导致估计系数的有偏与不一致。鉴于文化的定义广泛且难以量化,而拥有共同的方言往往是地域归属感和认同感的重要组成部分,因此本书采用了文献中广为使用的方言多样性指数作为文化因素的代理变量(Chen et al.,2014;李秦等,2014;徐现祥等,2015)。本书使用的方言多样性指数来自徐现祥等(2015)④。由模型(6)可知,控制了1月份平均气温、年均降水量、方言多样性指数之后,迁入占比依旧显著为正,交互项还是显著为负,再次印证了前文结论的稳健性。

(2) 比较省内、省外迁移的异质性

表5-3中劳动力流动的效应主要反映了某地方迁入人口占比的平均效应。然而,由于人缘、地缘、亲缘等关系的远近,中国的劳动力流动存在省内与省外两种截然不同的迁移方式。本章接下来讨论不同的迁移方式对空间效率与区域平衡的影响。根据"第五次人口普查分县(市、区)主要数据中的迁入人口",我们分别构建了某地方省内迁移人口占常住人口的比重以及省外迁移占比两个变量。采用与表5-3相类似的实证策略,表5-4中的前三列报告了省内迁移的效应,后三列则是省外迁移的估计结果。具体来看,首先给出了不同迁移方式与市场潜能交互项的基准结果[见模型(1)、模型(4)],然后是稳健性检验,包含:估计迁入占比虚拟(高于均值为1,低于为0)与市场潜能的交互项模型(2)、模型(5),模型(3)、模型(6)则使用了中心度、中心度与迁入虚拟的乘积作为工具变量分别对模型(2)、模型(5)进行估计。

由表5-4可知,无论采用连续变量、虚拟变量还是工具变量估计,省内迁移的估计系数均显著为正,且市场潜能与省内迁移交互项的系数显著为负,而对于省外迁移而言,虽然这两项估计系数的符号符合预期,但不具有统计上的显著性。这表明,前文在集聚中走向平衡的效应更多来自省内迁移的劳动力。

表 5-4 不同迁移方式的估计结果

类别	省内迁移			省外迁移		
	模型(1) 迁入占比	模型(2) 迁入虚拟	模型(3) IV估计	模型(4) 迁入占比	模型(5) 迁入虚拟	模型(6) IV估计
$\ln mp$	0.364 3*** (0.065 7)	0.332 5*** (0.054 2)	0.231 2*** (0.068 8)	0.292 8*** (0.053 4)	0.302 0*** (0.069 9)	0.175 5* (0.097 3)
$\ln mig$	0.446 2*** (0.139 3)	—	—	0.150 8 (0.108 8)	—	—
$\ln mp \times$ $\ln mig$	−0.063 9** (0.029 8)	—	—	−0.026 8 (0.022 7)	—	—
dum_mig	—	0.754 0*** (0.237 7)	0.660 7** (0.288 0)	—	0.294 3 (0.313 0)	0.022 3 (0.412 2)
$\ln mp \times$ dum_mig	—	−0.132 5*** (0.050 3)	−0.113 2* (0.060 9)	—	−0.056 1 (0.065 7)	−0.001 5 (0.085 9)
$city$	YES	YES	YES	YES	YES	YES
样本数(N)/个	2 210	2 210	2 210	2 210	2 210	2 210
拟合优度(R^2)	0.193 2	0.168 2	0.164 5	0.150 5	0.147 7	0.143 5

对于这一结论,一个直观的解读是,中国的人口迁移以省内迁移为主体。根据第五次全国人口普查数据,2000 年全国迁移人口总数约为 1.2 亿人,其中省内迁移占比约为 73.33%。虽然 2010 年省内迁移占比下降为 67.31%,但仍占据主导地位。因此,占据主导地位的省内迁移更有利于实现在集聚中走向平衡的效应,这似乎并不足为奇。但是,本书认为,不同迁移方式的异质性效应本质上反映了限制劳动力流动的制度约束不同,即限制劳动力流动的制度障碍(如户籍制度)主要不是体现在城市与城市之间,而是在省级单位和省级单位之间。省际迁移的制度障碍严重阻碍了劳动力的自由流动。相比跨省的人口迁移而言,制度障碍对同一省份内部人口流动的约束作用相对较弱。因此,省内的人口流动更多表现为自由迁移的效应,可以实现空间效率与区域平衡的双赢。卡马尔等(Kamal et al.,2012)考察市场潜能对微观个人实际工资效应时佐证了本章的发现,省份内部大量相对自由流动的移民抵消了市场潜能所带来的工资溢价,而跨省流动存在的较高制度障碍则阻碍了移民促进地区实际工资均等化效应的发挥。上述发现的政策含义在于,进一步消除劳动力跨省流动的制度障碍,对实现空间效率与区域平衡的双赢至关重要。

(3) 比较人口流入地与流出地的异质性

表 5-3 将迁入人口占常住人口的份额作为劳动力流动的测度指标,该指标本质上反映了劳动力的流入。然而,任何一个地方均存在劳动力的流入和流出两种情况,而劳动力流动对人口流入地和流出地的效应截然不同。因此,下文把全样本区分为人口流入地与流出地两组,继续探讨市场潜能、劳动力流动与地区增长的关系。基于数据的可得性,这里利用"第五次人口普查分县(市、区)主要数据"中的常住人口和户籍人口数据,根据两者之间的差额构建人口净流入变量 $\ln flow$。将常住人口大于户籍人口的样本视为人口流入地,包含 790 个县市;将常住人口小于户籍人口视为人口流出地,包含 1 420 个县市。最终给出了 2000 年人口流入地和人口流出地的可视化地图。对于人口流入地,人口净流入变量 $\ln flow$ 等于常住人口与户籍人口的差额。对于人口流出地,采用户籍人口与常住人口的差额来度量人口的流出。表 5-5 分别报告了人口流入地与流出地的估计结果。

表 5-5 人口流入地与人口流出地的估计结果

类别	模型(1) 人口流入地	模型(2) 人口流出地
$\ln mp$	0.555 5*** (0.186 3)	0.290 3 (0.190 2)
$\ln flow$	0.136 2* (0.081 1)	0.032 5 (0.098 6)
$\ln mp \times \ln flow$	−0.028 7* (0.017 0)	−0.004 8 (0.021 2)

续表 5-5

类别	模型(1) 人口流入地	模型(2) 人口流出地
$city$	YES	YES
样本数(N)/个	790	1 420
拟合优度(R^2)	0.170 7	0.155 9

一方面,对于人口流入地而言,人口流入的估计系数显著为正,表明期初的人口流入越多,人均国内生产总值(GDP)的增长越快,说明人口流入具有规模经济效应,而不是流入越多,人均国内生产总值(GDP)越低的负效应。与此同时,人口流入与市场潜能的交互项系数显著为负,表明人口流入的负效应是通过影响市场潜能的促进作用而显现的,即人口流入越多,在一定程度上填补了市场潜能扩大所产生的对劳动力需求的缺口,进而在边际上降低了市场潜能对人均国内生产总值(GDP)的促进作用。

另一方面,对于人口流出地而言,人口流出有促进人均国内生产总值(GDP)增长的正面效应,但是估计系数并不显著。而人口流出与市场潜能的交互项则由于市场潜能自身效应的缺失而导致估计系数并不显著。这表明人口流出提高人均国内生产总值(GDP)的作用可能主要由于算数上的分母变小,而与市场潜能的作用关系不大,当然这需要更多的经验证据检验。随着经济发展水平的提高,人口流出提高流出地人均资源的占有量、劳动边际产品价值的效应会逐步显现。

综上所述,劳动力流动对人口流入地与流出地的效应主要体现为:(1)人口的流入既发挥了规模经济效应,又在边际上减缓了人口流入地市场潜能的作用;(2)人口流出使得流出地算数意义上的分母变小,进而存在提高流出地人均效应的可能性。

5.4 本章结论与政策启示

为破解空间效率与区域平衡之间可能存在的此消彼长关系,本章在新经济地理学的框架下,构建了中国县市层面 2000—2010 年的长期经济增长模型,考察了市场潜能、劳动力流动与经济增长之间的关系,进而明确了兼顾空间效率与区域平衡的政策选择,最终得到了相对稳健的结论:(1)市场潜能是中国县市间经济增长差异的重要原因,平均而言,市场潜能每提高 1%,长期经济增长提高约 0.26%,这正是发挥大国空间效率的结果。(2)仅仅依赖偏向内陆地区的空间干预政策很难起到重塑经济地理的作用,而以促进要素自由流动为目标的"以人为主"的区域政策则可以实现空间效率与区域平衡的双赢。具体而言,通过劳动力流动产生的"一正一负"效应发挥作用,既促进了本地的经济增长,又缩小了由于地区市场潜能差异所导致的地区经济增长差距。(3)迁移方式与人口净流入的异质性分析表明,上述劳动力流动的"一正一负"效应对于省内迁移与人口流入地更加显著,原因在于,跨省迁移存在较高的制度限制,而人口流出地的效应则可能需要相对较长时间的累积。

上述发现对于区域协调发展战略的制定具有重要的参考价值:一则,必须尊重城市发展的客观规律。中国当前呈现的多层级核心—边缘空间结构是第一性与第二性因素共同作用的,符合集聚经济的发展规律。二则,单纯依靠"以地为主"的空间干预政策存在资源配置效率扭曲、损失总体空间效率等潜在风险。政府要做的不应该是平衡地区间经济活动的空间分布,而是要充分发挥市场在资源配置中的决定性作用,在确保生产要素特别是劳动力自由流动的前提下,辅之以科学合理的基于地方的空间干预,如重点辨析干预的具体方式[是什么(what)]、作用机理[为什么(why)]、实施区域[在哪里(where)]、受益主体[是谁(who)]等一系列问题。

总之,实施"以人为主、以地为辅"的区域政策组合可以实现在集聚中走向平衡,即既有利于发挥大国的空间效率又可以确保地区间人均收入水平乃至生活质量的趋同。而当前兼顾空间效率与区域平衡一个重要的抓手是,继续深化户籍制度改革,争取在消除人口跨省流动、流向高等级城市特别是大城市的制度障碍方面取得突破。

第 5 章注释

① 这样处理确保了本书同时包含三类市场的影响:市场潜能(mp)所反映的周边市场,城镇人口密度(den)和土地面积($area$)测度的本地市场,到最近海港的距离(dis)测度的国际市场。同时控制三类市场可以相对避免遗漏变量所带来的估计偏误,更干净地识别市场潜能的效应。

② 2000 年存在"F152000"和"F142000"两套数据,限于篇幅,模型(6)仅报告了使用"F152000"的数据结果,使用"F142000"数据结论不变。此外,县市尺度的灯光亮度与国内生产总值(GDP)的相关系数高达 0.862 9。

③ 事实上,一些研究将气温和降水量等气候数据作为移民占比的工具变量(de Sousa et al.,2011;陆铭等,2014b),但对于本章而言却并不合适。原因在于,本章的被解释变量是经济增长,很难找到证据支撑气温和降水并不会直接影响经济增长,这就使得工具变量的外生性要求得不到满足。因此,本章将此类气候数据作为控制变量,以尽可能避免遗漏变量所带来的估计偏误。

④ 徐现祥等(2015)根据《汉语方言大词典》中 2 113 个县级及以上观测单元所使用的汉语方言,构建了 278 个地级及以上城市的方言多样性指数,包含方言片个数(从 1 到 5)和方言分化指数(取值为 0 到 1)两个指标。该指数基于地域而非个体,可以更干净地识别方言作为文化代理变量的影响。需要说明的是,其公开的是地级市尺度的数据,因此本章的多样性指数本质上是反映了地级市之间的文化差异,而假设同一地级市内部没有差异,这是本章数据的不足之处。我们在估计方程中分别加入了两个方言多样性指数,发现基本结论依旧是稳健的。为节省篇幅,表 5-3 中的模型(6)仅报告了方言分化指数的估计结果。

6 大城市对小城市的溢出效应:长三角的案例

6.1 引言

长期以来,中国的区域发展战略凸显了"协调"的发展理念,无论是积极稳妥地推进城镇化,还是推进"一带一路"倡议、京津冀协同发展、长江经济带建设等一系列战略举措,均强调发挥地区之间的比较优势,通过专业化的分工与协作,实现区域发展的良性互动与多赢局面。就不同等级城市的相互作用关系而言,"协调"发展理念主要体现为促进大中小城市和小城镇的协调发展。为此,《国家新型城镇化规划(2014—2020年)》明确指出,通过"增强中心城市辐射带动功能、加快发展中小城市、有重点地发展小城镇"来达到促进各类城市协调发展的目的。

但是在现实中却出现了看似相互矛盾的现象:一方面,东南沿海发达地区的小城市因邻近主要中心城市而受益,经济发展动力充足,例如,长三角和珠三角的县级小城市占据了全国百强县的主体,成为这些地区经济增长的重要支撑;另一方面,"环京津贫困带""灯下黑"现象并不少见,似乎显示出大城市对小城市在经济增长要素方面的竞争和吸纳,凸显了实施大中小城市协调发展战略的紧迫性。到底邻近大城市对于小城市是"福"还是"祸"?大城市是有利于还是有损于小城市的经济增长呢?科学回答这一问题,揭示这些看似矛盾的现象背后的原因,厘清不同等级规模城市之间的相互作用,特别是正确辨别大城市对小城市的作用,对于促进小城市经济增长和落实大中小城市协调发展的国家新型城镇化战略具有重要意义。

6.2 相关研究与文献

回答前面这一问题首先要从关于空间相互作用的理论中去寻找答案。缪尔达尔的"回波—扩散"、赫希曼的"极化—涓滴"和弗里德曼的"核心—边缘"理论,都认为大城市对周边小城市具有集聚和扩散的双重作用,而且与发展阶段有关。在发展初期,集聚作用占主导地位,大城市从周边小城市吸纳要素,抑制了小城市的发展;在发展后期,扩散机制起主要作用,小城市因邻近大城市得到正向的溢出效应而获得更强的增长动力。新经济地理学则提出了大城市作用于周边小城市的"集聚阴影"(agglomeration shadow)效应,即邻近中心城市建立新企业是无利可图的,大城市对其周边地区的要素吸纳会形成一个不利于小城市增长的阴影区,只有超过一定距离阈值的小城市才会避免大城市的虹吸负效应。可以看出,这两类理论分别从时间和空间维度给出了大城市作用于小城市的关系规律,给回答大城市是否有利于小城市经济增长这一问题提供了重要启示,但都不能给出完整的答案。

再从以往的经验研究来看,多数文献承认,某地区的经济发展除了取决于自身的要素投入外,还受到周围地区经济发展的影响;受益于地理位置的空间相邻、投入与产出的行业关联等,空间溢出效应是中国地区经济发展不可忽视的重要影响因素(李小建等,2006;柯善咨,2010;张伟丽等,2011;潘文卿,2012;李敬等,2014;程名望等,2019;赵奎等,2021)。然而,这些文献主要是分析相同层级城市之间的空间相互作用,忽视了不同层级城市之间的空间关联规律,不能回答大城市到底是有利于还是有损于小城市经济增长这一问题(Ying,2000,2003;Brun et al.,2002;吴玉鸣,2007;张学良,2009;Chen et al.,2013;覃成林等,2012;颜银根等,2014)。事实上,空间溢出效应的相对大小与城市等级体系密切相关,从高等级城市过渡到低等级城市时,集聚的外部性效应随距离衰减呈现非线性的变化(Brülhart et al.,2006;Partridge et al.,2009)。只有在统一的框架内,综合考察不同等级规模城市之间空间相互作用的异质性,才能更完整、更客观地认清城市之间相互作用的本质。此外,从研究尺度来看,以往文献侧重全国尺度的四大经济带(Groenewold et al.,2007,2008)、省域(Ying,2000,2003;潘文卿,2012;颜银根等,2014)、地级市(许政等,2010;Hering et al.,2010a)、县域(吴玉鸣,2007;Chen et al.,2013)之间的空间关联与溢出效应研究,而对城市群尺度内部空间相互作用的案例研究相对较少(郭腾云等,2011;朱虹等,2012;毕秀晶等,2013;孙东琪等,2013;陈玉等,2017)。事实上,空间相互作用对地理尺度极具敏感性,过大尺度的空间作用研究对于当前推进以城市群为主体的新型城镇化战略不具有特别的现实价值。城市群是在一定地域范围内,由不同规模城市紧密联系形成的集聚体,城市群内不同城市相互作用的关系探讨,更有助于政策的制定和实施,更具有现实意义。

本书认为,回答大城市是否有利于小城市经济增长这一问题,要综合考虑时间和空间两个维度,在时间维度上分为发展前期与发展后期,在空间维度上分为近距离与远距离,从而形成包含四个选项的时空矩阵。在发展前期,大城市的集聚与回流效应会导致邻近大城市的小城市发展受到抑制,而远离大城市的小城市受损较小;在发展后期,靠近大城市的小城市会从溢出和辐射效应中获取比远离大城市的小城市更多的收益。考查任何一个特定区域内大城市对于小城市的作用是有利还是不利,都要根据这个区域的发展阶段以及小城市距离大城市的远近来判断,因而,答案是不确定的,要基于经验研究,针对具体问题具体分析。论证以上观点需要运用不同发展阶段的区域作为考察对象,检验不同发展水平下距离大城市远近对小城市经济增长的影响,但这需要大量数据。受限于数据可得性,本书仅以长三角为例展开经验研究,当然所得结论仅适用于国内类似于长三角发展阶段的区域,因而也只能部分检验上面所提出的观点假设。更完整的论证有待处于不同发展阶段的区域的数据获得和相应的经验分析。

具体而言,为了尝试回答在城市群尺度内,大城市对小城市以增长溢出还是集聚阴影效应为主这一问题,本书选取我国发达地区长三角城市群108个小城市(县城和县级市)为研究样本[①],采用地理距离、行政边界以及市场潜能等因素来表征空间溢出效应,研究不同等级城市对长三角小城市2000—2010年经济增长的影响,以期为厘清城市空间相互作用的类型和方向提供来自城市群尺度的案例支撑。与以往研究相比,本书可能的边际贡献体现为:(1)将空间相互作用的方向细化为高等级对低等级城市以及同层级城市之间的影响,且考虑到直辖市、副省级城市与一般地级市对小城市经济增长的影响异质性;(2)基于空间相互作用存在地理边界的事实,重点关注城市群尺度内部的空间溢出效应;(3)兼顾测度空间溢出效应的第一性(地理距离)与第二性(市场分割、市场潜能)等因素,运用一系列稳健性经验以便得到可靠的估计结果。

6.3 实证分析结果

本书采用计量经济增长模型的估计方法来检验上面所提出的问题,并进一步运用稳健性检验来考查研究结果的可靠性和可信度。具体的模型设定、数据来源和主要变量的含义将在下文加以说明。

6.3.1 模型设定、数据与变量说明

1) 模型设定

新经济地理学理论指出,随着到城市中心距离的增加,市场潜力曲线呈现出先下降后上升再下降的"∽"形曲线关系(Fujita et al.,1999)。与之相反的是,在超越城市边界的劳动力市场池、投入—产出以及知识关联效应的作用下,集聚外部性很有可能在一个更大的空间尺度内发挥作用,此时距离大城市越近,越有利于获取增长溢出效应(Rosenthal et al.,2003)。由此可见,城市空间相互作用产生的净效应取决于正的集聚外部性与集聚阴影效应两者之间的权衡。其中,地理距离发挥了关键性的作用。因此,本章在巴罗(Barro,2000)研究经济增长决定因素的模型基础上,借鉴哈里斯·多布金斯等(Harris Dobkins et al.,2001)、许政等(2010)的估计策略,加入小城市到大城市的最近地理距离作为关键解释变量,包含小城市到最近小城市以及到最近高等级城市的直线距离,表征来自同层级以及高等级对低等级的空间溢出效应。需要说明的是,对于长三角城市群而言,

规模较大的城市往往也是行政等级较高的城市。例如,2010 年,直辖市上海和 3 个副省级市南京、杭州、宁波的市区人口规模分别是 2 000 万人、583 万人、516 万人和 258 万人,21 个一般地级市市区的平均人口规模为 127 万人,都远远高于 108 个县与县级市 37 万人的平均城镇人口规模。因此,下文用高等级市(包括地级市、副省级市和直辖市)的市区指代大城市,而小城市则包括县和县级市的城镇人口部分。估计模型的基本形式如下:

$$\Delta pgdp_{it} = \alpha + \beta_1 dis_{i0} + \beta_2 pgdp_{i0} + \beta_3 den_{i0} + \beta_4 inv_{i0} + \beta_5 lab_{i0} + \beta_6 urb_{i0} + \beta_7 fdi_{i0} + \beta_8 gov_{i0} + \beta_9 edu_{i0} + \beta_{10} ame_{i0} + \varepsilon_i$$

(6-1)

其中,α 表示常数项;β 表示各影响因素的估计系数;ε 表示随机扰动项;i 代表小城市;0 和 t 代表研究的初始年份以及时间跨度。本书研究的是长三角 2000—2010 年小城市的经济增长,解释变量采用 2000 年初始的经济特征,被解释变量采用 2000—2010 年人均国内生产总值(GDP)年均增长率($\Delta pgdp$)。这样一方面相对避免了城市增长对城市特征影响造成的内生性问题,另一方面可以刻画城市初始特征对城市增长的长期影响。除掉不同等级城市的地理距离(dis)外,遵循传统经济增长文献,在计量模型中还控制了初始的经济发展水平($pgdp$)、集聚经济(den)、资本(inv)、劳动力(lab)、城镇化(urb)、外商直接投资(fdi)、政府干预(gov)、人力资本(edu)、生活质量(ame)等影响因素。各影响因素的测度指标与方法详见下文。

2) 数据来源

本书研究样本为长三角的 108 个小城市,时间跨度为 2000—2010 年,行政区划统一按照 2010 年的边界进行相应调整,上海市的崇明县由于数据缺失从样本中剔除。本书使用的经济类数据主要来自 2001 年及 2011 年相应省市的统计年鉴、《中国县(市)社会经济统计年鉴:2001》,人口数据来自第五次、六次全国人口普查数据,距离数据是利用国家基础地理系统 1:400 万中国地形数据库底图、通过地理信息系统软件 ArcGIS 计算欧式距离得出。

3) 变量说明

被解释变量是小城市 2000—2010 年人均国内生产总值(GDP)(剔除了第一产业)的年均增长率,以各省市城镇居民消费价格指数(CPI)(以 2000 年为不变价)剔除了通货膨胀影响。人口指标则采用了人口普查数据中的城镇人口。核心解释变量是地理距离(dis),地理距离相对外生,能够避免交通距离内生于经济增长所带来的计量误差。为捕捉不同等级规模城市空间溢出效应的异质性,且体现空间相互作用的方向性,本书所测度的地理距离可细分为六类(图 6-1):(1) 小城市之间的距离,表示一个县域小城市到最近县域小城市的直线距离,测度同层级小城市之间的相互作用;(2) 小城市到最近地级及以上城市的距离,该距离的测度不区分城市等级;(3) 小城市到最近地级及以上城市分等级的虚拟变量,若最近的地级及以上城市属于直辖市和副省级城市则赋值为1,该虚拟变量测度不同等级城市对小城市经济增长是否有差异;(4)小城市到最近高等级城市的距离,该距离测度不同等级城市对小城市经济增长空间溢出效应的异质性;(5)小城市到最近的一般地级市是否属于同市的虚拟变量,存在行政上下级隶属关系则记为1,该虚拟变量主要测度城市之间是否存在市场分割,如果存在市场分割,那么不存在上下级行政隶属关系的小城市则较少受到来自最近地级市吸纳效应的影响;(6)在稳健性检验中,增加了小城市到副省级城市、直辖市的增量距离,分别等于小城市到最近副省级城市与最近一般地级市、小城市到直辖市与最近副省级城市之间绝对距离之差,主要测度小城市为获取高等级城市所独具的商品与服务所支付的边际成本。

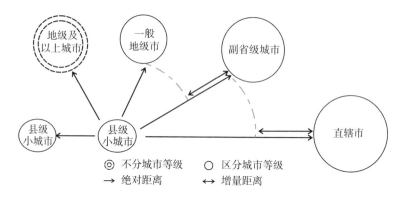

图 6-1 不同类型的距离变量

至于其余控制变量,用初始年份人均国内生产总值(GDP)对数值($pgdp$)来检验经济增长是否存在条件收敛;用人口密度(den)即每平方千米的常住人口数量作为经济集聚的度量;分别用固定资产投资占地区生产总值的比重(inv)、剔除从事农林牧渔业的就业人口占总人口的比重(lab)来反映资本与劳动力投入对经济增长的影响;用非农业人口占总人口的比重(urb)来控制城镇化对经济发展的作用;将实际外商投资额占国内生产总值(GDP)的比重(fdi)作为外商直接投资水平的度量指标;采用剔除了科教文卫这类公共支出的财政支出占地区生产总值的比重(gov)来衡量经济发展对政府投入的依赖程度;将高中及以上学历的人员占总人口的比重(edu)作为人力资本的代理变量;将每万人医院卫生床位数(ame)作为城市生活质量的代理变量。

6.3.2 模型估计结果

1)基准模型结果

表6-1显示了普通最小二乘(OLS)估计得到的估计结果,检验发现并不存在异方差和多重共线性问题。表6-1中的模型(1)是在不区分城市等级体系时,估计长三角小城市到最近地级及以上城市的距离对其经济增长的影

响;模型(2)至模型(6)则依据城市等级体系,将长三角划分为一般地级市、副省级城市、直辖市三大层级,估计不同等级城市空间溢出效应的异质性。

表6-1 空间相互作用对长三角经济增长的基准模型

类别	模型(1)	模型(2)	模型(3)	模型(4)	模型(5)	模型(6)
县域间的距离	0.024 8 (0.023 7)	0.023 4 (0.023 5)	0.028 4 (0.023 3)	0.028 3 (0.022 4)	0.028 5 (0.022 9)	0.028 6 (0.022 6)
到地级及以上城市的距离	−0.008 3 (0.010 3)	—	—	—	—	—
到一般地级市的距离	—	−0.003 4 (0.009 2)	0.023 8 (0.016 1)	—	—	−0.004 6 (0.008 8)
到副省级城市的距离	—	—	—	−0.009 0*** (0.002 8)	—	−0.007 4** (0.003 6)
到直辖市的距离	—	—	—	—	−0.005 7** (0.002 3)	−0.002 1 (0.002 9)
到地级及以上城市分等级的虚拟变量	1.385 0** (0.687 9)	—	—	—	—	—
到一般地级市的虚拟变量	—	−0.949 5** (0.466 0)	1.627 5 (1.347 9)	−0.762 0* (0.421 7)	−0.918 7** (0.428 4)	−0.868 5* (0.450 5)
一般地级市的距离×一般地级市的虚拟变量	—	—	−0.039 4** (0.019 4)	—	—	—
县级市的虚拟变量	1.145 6** (0.468 2)	1.134 4** (0.463 7)	1.231 4*** (0.458 6)	1.079 4** (0.438 7)	1.070 0** (0.448 3)	1.037 2** (0.445 0)
期初人均国内生产总值(GDP)	−6.662 5*** (0.687 9)	−6.528 0*** (0.683 1)	−6.723 8*** (0.678 9)	−6.990 3*** (0.658 1)	−6.923 1*** (0.675 6)	−7.125 1*** (0.681 7)
人口密度	0.001 0 (0.000 9)	0.000 7 (0.000 8)	0.001 1 (0.000 8)	0.001 6* (0.000 8)	0.000 7 (0.000 8)	0.001 3 (0.000 9)
投资占比	0.021 5 (0.026 5)	0.020 5 (0.026 4)	0.021 9 (0.025 9)	0.021 9 (0.025 1)	0.014 1 (0.025 7)	0.019 3 (0.025 4)
劳动力占比	0.090 4*** (0.033 8)	0.101 1*** (0.032 6)	0.094 2*** (0.032 4)	0.074 6** (0.032 1)	0.072 0** (0.033 8)	0.068 1** (0.033 4)
城镇化率	0.132 8*** (0.047 2)	0.135 8*** (0.047 1)	0.132 2*** (0.046 4)	0.111 4** (0.045 1)	0.132 5*** (0.045 3)	0.110 5** (0.046 0)
外商直接投资占比	0.039 6 (0.073 4)	0.098 3 (0.069 6)	0.098 9 (0.068 4)	0.146 8** (0.067 4)	0.090 9 (0.066 7)	0.141 5** (0.070 1)
政府支出占比	0.134 9 (0.089 7)	0.128 5 (0.088 3)	0.167 9* (0.089 0)	0.211 8** (0.087 9)	0.190 8** (0.089 3)	0.221 3** (0.089 2)
人力资本	0.209 1** (0.102 5)	0.185 0* (0.100 4)	0.216 0** (0.099 9)	0.166 3* (0.095 5)	0.167 8* (0.097 4)	0.166 6* (0.096 2)
生活质量	0.162 1*** (0.047 4)	0.153 7*** (0.047 1)	0.153 0*** (0.046 3)	0.134 1*** (0.044 9)	0.101 2** (0.049 9)	0.120 4** (0.050 1)

续表 6-1

类别	模型(1)	模型(2)	模型(3)	模型(4)	模型(5)	模型(6)
常数项	63.879 1*** (7.154 0)	63.091 6*** (7.102 9)	62.384 6*** (6.996 0)	69.591 4*** (6.860 8)	70.302 0*** (7.348 8)	72.262 1*** (7.563 5)
样本数(N)/个	108	108	108	108	108	108
调整拟合优度(R^2)	0.652 9	0.656 0	0.667 1	0.689 4	0.676 6	0.685 3

注：系数下方的值是稳健标准误。下同。

总体而言，当控制其他影响因素后，并未发现长三角的高等级城市对小城市的经济增长存在集聚阴影效应的直接证据；相反，距离高等级城市越近，越容易接受来自高等级城市的扩散效应，经济增长越快，其中副省级城市的增长溢出效应越为显著。具体来看：模型(1)显示，在不分城市等级体系时，地级及以上城市对长三角小城市经济增长的空间溢出效应并不显著，但是分等级的虚拟变量显著为正，表明与到最近的城市属于一般地级市的小城市相比，副省级城市和直辖市会显著促进其经济增长，因此区分不同等级城市的溢出效应十分必要；模型(2)、模型(4)、模型(5)显示，当分别考虑三大层级城市时，到副省级城市、直辖市上海的距离对长三角小城市经济增长的估计系数显著为负，表明存在显著的扩散效应，且来自副省级城市的增长溢出效应要强于直辖市上海，一般地级市对小城市的经济增长作用不大；模型(6)显示，同时考虑三大层级城市的空间溢出效应时，只有副省级城市的作用最为显著，此时若到副省级城市的距离缩短100 km，小城市的经济增长将提高约0.74%；所有模型均显示，县级市的虚拟变量显著为正，表明县级市相比县域经济增长更快。

考虑到距离对经济增长可能存在非线性影响（Fujita et al.，1999；Harris Dobkins et al.，2001；许政等，2010），分别增加了小城市之间、到地级及以上城市、一般地级市、副省级城市以及直辖市上海距离的平方项，普通最小二乘（OLS）估计结果显示一次项与二次项均不显著（限于篇幅未给出相关表格），表明距离对经济增长的非线性效应相对缺失。这可能是由于非线性效应的发挥需要较大尺度的地理空间，而长三角样本中的地理距离还相对较短，即长三角的经济发展整体仍处在都市圈辐射范围内。

此外，模型(2)、模型(4)、模型(5)、模型(6)中到一般地级市的虚拟变量估计系数显著为负，表明与到最近的一般地级市不存在上下级行政隶属关系的小城市相比，属于同市会显著降低自身的经济增长，可能是由于此时资源更容易被上级地级市所吸取，从而不利于自身的经济增长，但本质上表明，长三角地级市之间在一定程度上存在市场分割，恰是行政边界的存在阻碍了一般地级市对非同市小城市空间溢出效应的发挥，这与许政等（2010）基于全国市辖区的经验研究相一致。该结论可从模型(3)中到一般地级市的虚拟变量与距离的交互项系数显著为负得到进一步印证，随着距离的增加，与不存在行政隶属关系的小城市相比，属于同市受到高等级城市的吸纳作用越强,经济增长越慢,而与最近的一般地级市非同市受到的吸纳作用则越小,从而进一步印证了长三角地区存在行政边界导致的市场分割。

就影响经济增长的其他变量而言,模型(6)估计表明,人均国内生产总值(GDP)的对数值显著为负,表明初始经济发展水平较低的小城市其经济增长越快,即存在条件收敛;劳动力占比的估计系数显著为正,表明劳动力要素对长三角小城市的经济增长贡献较大;城镇化率与外商直接投资占比对经济增长的影响符合预期,说明长三角正处于城镇化快速推进的时期,外商直接投资不仅带来了大量的就业机会,而且有利于技术溢出;政府支出占比的估计系数显著为正,可能的解释是,鉴于数据可得性,我们无法对政府财政支出的具体结构进行细化,当政府支出更多用于交通、通信等基本建设性支出领域时,会显著促进经济增长;人力资本和生活质量对经济增长都具有显著的促进作用;人口密度以及投资占比对经济增长的影响则并不显著。

2) 稳健性检验结果

(1) 空间依赖性检验

传统的统计与计量理论往往建立在样本观测值相互独立的假设基础之上。然而,现实中的事物却普遍存在空间相关性,且距离越近的事物相关性越强。由于存在空间依赖效应,采用普通最小二乘(OLS)估计会导致系数估计值有偏或无效。因此,为检验表 6-1 中模型(6)结论的稳健性,考虑进行空间相关性检验,见表 6-2。在建立空间计量模型分析之前,一般需要先进行空间依赖性检验:一方面,可通过对真实值与模型估计值之间的残差进行空间相关性检验,若残差未通过显著性检验,则表明残差在空间上呈现随机分布状态;另一方面,如果在空间依赖性检验中发现空间滞后模型的拉格朗日乘数 LM-LAG、稳健的空间滞后模型的拉格朗日乘数 Robust LM-LAG、空间误差模型的拉格朗日乘数 LM-ERR、稳健的空间误差模型的拉格朗日乘数 Robust LM-ERR 四个统计量都不显著,则表明不存在空间相关性,此时采用普通最小二乘(OLS)估计结果是可靠的(Anselin et al.,2004)。

根据以上判定标准,选取基于距离最近的邻居个数(K-Nearest Neighbor)作为空间权重矩阵 W 进行空间依赖性检验。传统基于邻接关系的 rook 或 queen② 权重矩阵并不适合,原因在于,研究样本是剔除长三角市辖区的 108 个县域及县级市,为估计高等级城市对县域的空间溢出效应,市辖区仅仅作为高等级城市予以考虑,从而造成样本在空间上呈现出不连续的分布状态,故此时选择基于距离最近的邻居个数(K)更为合适。为检验结论对空间权重矩阵选取的敏感性,分别选取距离最近的 1—5 个邻居($K=1,2,3,4,5$)作为空间权重矩阵进行估计。由表 6-2 可知,随着选取距离最近邻居个数的增加,特别是当 $K=5$ 时,表 6-1 模型(6)中残差的全局空间自相关莫兰指数(Moran's I)接近 0,且均未通过显著性检验,

表 6-2 针对模型(6)的空间依赖性检验

空间依赖性检验	$K=1$	$K=2$	$K=3$	$K=4$	$K=5$
Moran's I (残差)	0.109 4 (0.169 0)	0.112 0 (0.107 0)	0.057 1 (0.164 0)	0.048 0 (0.187 0)	0.006 4 (0.339 0)
LM-LAG	0.416 4 (0.518 7)	0.165 5 (0.684 2)	0.271 2 (0.602 6)	0.167 2 (0.682 6)	0.215 2 (0.642 7)
Robust LM-LAG	0.004 9 (0.944 4)	0.414 6 (0.519 6)	2.002 1 (0.157 1)	1.350 4 (0.245 2)	0.475 4 (0.490 5)
LM-ERR	0.646 0 (0.421 6)	1.355 9 (0.244 2)	0.527 3 (0.467 7)	0.496 9 (0.480 9)	0.010 9 (0.916 7)
Robust LM-ERR	0.234 4 (0.628 3)	1.605 1 (0.205 2)	2.258 2 (0.132 9)	1.680 0 (0.194 9)	0.271 1 (0.602 6)

注:表中莫兰指数(Moran's I)给出的是残差的莫兰指数(Moran's I)值,其余给出的是拉格朗日 LM 统计值。括号内是统计学意义的 P 值,其被用来衡量所观察到的现象是否为随机事件。

表明模型的残差在空间上呈现随机分布,并不具有空间相关性,且在空间依赖性的检验中发现 LM-LAG、Robust LM-LAG、LM-ERR、Robust LM-ERR 四个统计量都不显著。综合表明对模型(6)采用普通最小二乘(OLS)估计所得结果是可靠的。

空间依赖性检验并未通过的原因可能在于,基准模型自变量中已经加入了反映同层级空间相关性的变量,即县域小城市之间的最近距离,该变量在一定程度上已经捕捉到了空间相关性的信息。此外,表 6-1 基准模型中县域间距离估计的系数均不显著,也可佐证县域之间空间相互作用较为微弱。总之,综合基准模型和空间依赖性检验可发现,长三角样本中空间相互作用的类型与方向更多表现为高等级对低等级城市的影响,其中最为显著的是来自副省级城市对县域的增长溢出,同层级县域间的空间关联性相对较弱。

(2) 考虑增量距离

根据中心地理论可知,城市体系呈现出等级性特征,低等级城市为获取高等级城市所独有的商品与服务需要支付边际成本。为测度等级自身对下级城市的影响,特引入增量距离的概念来度量距离所产生的额外成本(Partridge et al.,2009),相关估计结果可见表 6-3。与表 6-1 相比,表 6-3 增加了小城市到副省级与一般地级市、到直辖市与副省级城市所产生的两个增量距离。表 6-3 中的模型(1)至模型(3)是仅考虑增量距离的结果,而模型(4)至模型(6)则给出了绝对距离与增量距离不同组合的结果。可以发现,由表 6-1 所得结论依旧是稳健的。以表 6-3 中的模型(6)为例,当控制其他影响因素后,小城市到副省级与一般地级市的增量距离对经济增长的估计系数显著为负,表明副省级城市自身对小城市的经济增长产生了正向溢出效应;而到直辖市与副省级城市的增量距离却并未通

表 6-3 考虑增量距离的估计结果

类别	模型(1)	模型(2)	模型(3)	模型(4)	模型(5)	模型(6)
县域间的距离	0.028 7 (0.022 6)	0.024 1 (0.023 7)	0.030 2 (0.022 9)	0.028 8 (0.022 6)	0.029 5 (0.022 8)	0.029 6 (0.022 8)
到一般地级市的距离	—	—	—	−0.011 3 (0.009 3)	−0.004 2 (0.008 8)	−0.012 5 (0.009 2)
到副省级城市的距离	—	—	—	—	−0.009 3*** (0.002 9)	—
到直辖市的距离	—	—	—	−0.002 0 (0.002 9)	—	—
到副省级与一般地级市的增量距离	−0.008 2*** (0.002 8)	—	−0.008 4*** (0.002 8)	−0.007 8** (0.003 7)	—	−0.009 6*** (0.002 9)
到直辖市与副省级城市的增量距离	—	−0.000 4 (0.003 6)	−0.001 8 (0.003 5)	—	−0.002 0 (0.003 5)	−0.001 9 (0.003 5)
到一般地级市的虚拟变量	−0.714 1* (0.427 2)	−0.899 2** (0.444 4)	−0.732 3* (0.430 5)	−0.915 5** (0.447 5)	−0.851 5* (0.449 5)	−0.910 8** (0.448 2)
其余自变量	控制	控制	控制	控制	控制	控制
样本数(N)/个	108	108	108	108	108	108
调整拟合优度(R^2)	0.684 8	0.655 6	0.682 3	0.685 8	0.684 6	0.685 1

过显著性检验;小城市与一般地级市是否存在行政隶属关系的虚拟变量显著为负,同样表明长三角存在城市之间的市场分割。

(3) 改变城市层级

前文在分析高等级城市对县域经济增长空间溢出效应的异质性时,按照行政等级将长三角划分为直辖市(上海)、副省级城市(南京、杭州、宁波)、一般地级市三大层次。然而南京和杭州较为特殊,既是副省级城市又是省会城市,宁波则仅为副省级城市,且表 6-1 基准模型估计表明,来自副省级城市的增长溢出效应最为显著。因此,为进一步辨析副省级城市和省会城市效应的异质性,将副省级城市宁波降低一个层次,即将新的城市等级体系划分为直辖市(上海)、省会城市(南京、杭州)和一般地级市(包含宁波),得到的估计结果如表 6-4 所示。由模型(4)、模型(8)可知,当改变城市层级体系后,整体并未影响基准模型结论的稳健性,有所不同的是,此时来自省会城市的扩散作用对于县域经济增长更为重要,距离省会城市越近,经济增长越快,且这种效应是由于省会城市自身等级所决定的。同时也表明,基准模型结论中副省级城市的增长溢出效应最为显著,更多体现为来自省会城市的扩散效应,即省会城市对县域经济增长发挥了更大作用。

表 6-4 改变城市层级的估计结果

类别	模型(1)	模型(2)	模型(3)	模型(4)	模型(5)	模型(6)	模型(7)	模型(8)
县域间距离	0.023 1 (0.023 4)	0.031 9 (0.022 0)	0.028 2 (0.022 5)	0.032 2 (0.022 2)	0.032 3 (0.022 2)	0.023 7 (0.023 5)	0.034 2 (0.022 5)	0.034 0 (0.022 5)
到一般地级市的距离	−0.002 1 (0.009 2)	—	—	−0.000 4 (0.008 8)	—	—	—	−0.009 5 (0.009 0)
到省会城市的距离	—	−0.010 4*** (0.002 9)	—	−0.008 4** (0.003 6)	—	—	—	—
到直辖市的距离	—	—	−0.006 5*** (0.002 3)	−0.002 7 (0.002 8)	—	—	—	—
到省会与地级市的距离增量	—	—	—	—	−0.009 7*** (0.002 9)	—	−0.010 0*** (0.002 9)	−0.010 7*** (0.003 0)
到直辖市与省会的距离增量	—	—	—	—	—	−0.000 5 (0.003 5)	−0.002 2 (0.003 3)	−0.002 4 (0.003 3)
到一般地级市的虚拟变量	−1.143 4** (0.490 2)	−1.113 8** (0.447 1)	−1.293 5*** (0.462 5)	−1.192 5** (0.470 1)	−1.043 4** (0.451 4)	−1.126 6** (0.481 6)	−1.081 8** (0.456 7)	−1.196 0** (0.469 1)
其余自变量	控制	控制	控制	控制	控制	控制	控制	控制
样本数(N)/个	108	108	108	108	108	108	108	108
调整拟合优度(R^2)	0.660 5	0.701 9	0.686 9	0.698 5	0.696 9	0.660 4	0.695 0	0.695 3

（4）考虑市场潜能

为测度空间相互作用对经济增长的影响，在基准模型中引入地理距离作为关键解释变量，虽然确保关键解释变量相对外生，但将空间相互作用视为黑箱，未能充分体现空间溢出效应的内涵与作用机制。基于此，借鉴以往文献（潘文卿，2012；Chen et al.，2013；刘修岩，2014），引入市场潜能替代地理距离，用到不同层级城市的市场潜能来测度城市空间相互作用的增长溢出与集聚阴影效应。作为新经济地理学的核心概念，市场潜能决定了一个地区经济和产业的空间结构，邻近发达地区会带来正的或负的影响，如通过区际贸易或者知识溢出，地区间的经济增长就会产生正外部性效应。这里采用哈里斯（Harris，1954）提出的市场潜能测度指标 $mp_i = \sum_{j \neq i} GDP_j / dis_{ij}$，表示一个地区的市场潜能可以用邻近地区市场购买力的加权平均和来衡量，权数与距离成反比关系。GDP_j 表示周边地区 j 的地区生产总值，这里用最近县域或最近市辖区初始年份 2000 年的地区生产总值表示；dis_{ij} 表示地区 i 和地区 j 之间的地理距离，这里用前文计算得出的城市间最近距离表示。不同于以往仅考虑加总的市场潜能，本书认为市场潜能对经济增长的作用与城市等级体系密切相关，不同层级城市拥有不同的产业与劳动力构成、技术水平以及参与国际市场的能力等，进而决定了每一层次城市溢出的相对规模。因此与距离相类似，考虑到市场潜能的异质性，本书分别计算了县域小城市之间、总体（将长三角 25 个市辖区全部考虑在内）、到最近的地级及以上城市、到不同等级城市（一般地级市、副省级城市、直辖市）的市场潜能，替换地理距离作为关键解释变量，度量反映空间需求关联机制的市场潜能对经济增长的影响。若市场潜能对经济增长的估计系数显著为正，则表明一个地区拥有进入周边大规模市场的有利机会，空间需求关联效应所产生的正外部性将导致该地区获得较高的经济增长率。

由表 6-5 可知，当考虑长三角 25 个市辖区总体市场潜能对经济增长的影响时[见模型（1）]，估计系数显著为正，表明地级及以上城市整体对县域经济增长产生了正向的空间溢出效应，市场潜能越大，经济增长速度越快，这与潘文卿（2012）、刘修岩（2014）基于全国样本的发现相一致；当考虑到最近地级及以上城市以及不同等级城市的市场潜能时[见模型（2）至模型（6）]，发现只有副省级城市的市场潜能估计系数显著为正，从而论证了基准模型结论的稳健性，即源自副省级城市的空间需求关联效应显著促进了长三角县域的经济增长。

表 6-5 考虑市场潜能的估计结果

类别	模型（1）	模型（2）	模型（3）	模型（4）	模型（5）	模型（6）
县域间市场潜能	−0.019 0 (0.013 5)	−0.016 4 (0.014 2)	−0.016 8 (0.014 1)	−0.013 3 (0.014 0)	−0.015 8 (0.014 2)	−0.014 1 (0.014 0)

续表 6-5

类别	模型(1)	模型(2)	模型(3)	模型(4)	模型(5)	模型(6)
总体市场潜能	0.425 1*** (0.126 3)	—	—	—	—	—
地级及以上城市市场潜能	—	−0.002 3 (0.003 6)	—	—	—	—
一般地级市市场潜能	—	—	−0.013 6 (0.008 9)	—	—	−0.013 9 (0.009 2)
副省级城市市场潜能	—	—	—	0.014 1* (0.007 4)	—	0.014 4* (0.007 4)
直辖市市场潜能	—	—	—	—	0.001 6 (0.002 4)	0.000 1 (0.002 5)
其余自变量	控制	控制	控制	控制	控制	控制
样本数(N)/个	108	108	108	108	108	108
调整拟合优度(R^2)	0.682 5	0.646 1	0.653 2	0.657 9	0.646 2	0.659 8

6.4 本章结论与政策启示

本章基于长三角的案例,估计了长三角不同等级城市对小城市2000—2010年经济增长的影响,通过对空间依赖性、增量距离、城市层级、市场潜能等进行稳健性检验,得到了相对一致的结论。

(1) 在长三角城市群地区,邻近大城市有助于促进小城市的经济增长,即至少对于长三角而言,并未发现新经济地理学理论所论证的集聚阴影效应,当前的小城市即县域经济发展整体处于大城市的辐射范围之内。这就为国家实施城市群一体化发展战略提供了经济效益方面的科学依据。因此,应该继续深化推进以城市群为主体形态的城镇化空间格局,通过增强中心城市的辐射功能,发挥对小城市的经济带动作用,实现大中小城市的协调发展。

当然,考虑到经济发展阶段、产业结构、制度环境等方面的异质性,长三角的证据可能仅反映了发达地区的规律,而不能指导全国发展。这就凸显了针对发展成熟、相对成熟、孕育中的城市群实施差异化区域政策的必要性。例如,对于正处于发展初期阶段的西部城市群而言,大城市对要素的吸纳和集聚可能处于主导地位,当前可能亟须警惕过度分散化与遍地开花的潜在风险,空间干预政策应当以培育一批区域性中心城市为重要抓手,通过提高密度、缩短距离、减少分割达到做大做强中心城市的目的,以便下一阶段发挥集聚经济的外部性效应,最终实现空间集聚与协调发展的双赢。而对于京津冀城市群而言,当前的不协调,一方面可能与城市群发育不成熟有关,另一方面可能是行政力量分割所导致的结果。因而,未来除了要在国家宏观层面谋划首都非核心功能的疏解之外,还需破除人为的行政干预,在基础设施的互联互通、产业协同、文化认同感等方面达成共识,形成合力。

(2) 就空间相互作用的方向而言,长三角城市群更多体现为高等级城市对低等级城市的影响,并未发现同层级小城市之间显著的空间关联效应。高等级城市对小城市的空间溢出效应存在异质性,当同时考虑直辖市、副省级城市和一般地级市时,仅发现副省级城市对小城市经济存在显著的增长溢出效应。可能的解释是,一般地级市与小城市之间经济规模、投资消费结构、产业结构、技术水平等要素的差异性与互补性较为微弱,影响了空间关联与溢出效应的发挥;直辖市上海对小城市的影响可能不是直接实现的,而是通过副省级城市的中介作用传递完成的。

另外,可能与中国的政治经济相关,与一般地级市相比,省级政府往往具有相对独立的经济决策权,通过出台经济发展规划,比如国民经济和社会发展五年规划,对全省经济进行宏观统筹,可能会促进省内大城市和小城市的功能分工和协调发展,从而强化了大城市对小城市的溢出效应。小城市(县)政府之间则出于晋升压力的考量,往往在招商引资、土地出让等领域展开激烈竞争,从而阻碍了小城市之间空间关联效应的发挥。当然,上述猜想均有待进一步的经验检验。这一发现提示我们,当前空间相互作用仍处于单向溢出阶段。因此,协同发展的关键在于,实现同层级以及不同层级城市之间空间溢出效应的全域性释放。

(3) 长三角城市之间存在行政区经济导致的市场分割。行政边界的存在阻碍了一般地级市对不具备行政管辖的小城市空间溢出效应的发挥,进而损失了总体的集聚经济效率。这表明,即便是发展相对成熟的长三角城市群,行政区经济现象依旧不可避免。然而,在大数据和"互联网+"的时代,地方空间逐渐被流动空间所取代,基于市场力量的自发作用,城市的经济边界趋向模糊化。模糊的经济边界与清晰的行政边界之间的对立,构成了制约大中小城市协调发展的主要障碍。因此,打破行政区经济的束缚、尊重城市发展的普遍规律就显得格外重要。首先,积极探索适应新的发展环境的官员绩效考核体制,试点将创新、协调、绿色、开放、共享新发展理念作为考核的关键指标。其次,积极稳妥地推进行政区划改革,在有条件的地区论证撤县设市、撤县设区、区界重组等多种可能性,以突破经济发展的空间约束。最后,统筹实施区域整体的经济发展规划,形成更大尺度的规划"一张图",杜绝各种形式的"断头路"现象。

当然,本章也存在一些不足:第一,本章主要是对长三角一个区域的研究,而且是基于截面数据的静止分析,因而仅能反映当前阶段大城市对小城市经济增长的影响,未能考察城市空间相互作用的动态化特征。由于在发展的不同阶段,增长溢出和集聚阴影效应可能占据不同的主导地位,因而大城市对小城市的作用可能是不同的,未来增加长三角短期、中期和长期效应的演化对比研究,或者增加处于不同发展阶段的兄弟区域研究,对于得出更加全面的结论是十分必要的。第二,本章仅重点关注了同层级以及高等级对低等级城市间的空间相互作用,尚未考虑低等级对高等级城市的影响,如何在统一的框架内考虑更加多样化的空间相互作用成为将来研究要考虑的重点。第三,本章对空间溢出效应的因果识别与内在机制考虑较少,测度和剥离城市关联的劳动力市场池、投入—产出和知识溢出等内在联系也是未来深化研究的方向。

[本章主要内容参考孙斌栋,丁嵩,2016.大城市有利于小城市的经济增长吗:来自长三角城市群的证据[J].地理研究,35(9):1615-1625]

第 6 章注释

① 本章内容成文较早,这里的长三角地理范围仅包含江苏、浙江、上海两省一市。
② rook 相邻是指有一段共同的边即认为相邻;queen 相邻则指只要存在顶点相接即可。

7 政策建议与研究展望

7.1 研究结论

大国发展始终面临实现空间效率与区域平衡的双重目标。一方面，发挥空间效率意味着尊重要素向大城市和都市圈集聚发展的客观规律，从而实现国家整体层面的空间效率最大化；另一方面，实现区域平衡则是为了确保发展成果的最大程度共享，努力缩小地区之间以及地区内部人均意义的不平等。当前，集聚经济在对中国经济总量以及经济增长速度产生重大贡献的同时，也出现了诸如人口集聚的程度小于经济规模的集聚程度、特大城市实施了严格控制城市人口规模的政策、各级政府实施了一系列偏向内陆地区的空间干预政策等问题。这些问题归结起来就是，经济集聚带来空间效率的同时必然导致区域的不平衡吗？抑或区域平衡目标的实现一定以牺牲经济集聚的空间效率为代价吗？本书正是在这一背景下展开分析，以发展中的大国如何正确处理空间效率与区域平衡之间的关系为关键议题，讨论如何实现效率与平衡的双赢。这一选题理论上突破了以往集聚经济研究中将效率与平衡视为相互冲突的学术观点，是对"以人为主"(people-based)与"以地为主"(place-based)区域政策孰优孰劣争论的有力回应，同时有助于进一步明确中国应该走什么样的城镇化道路、在哪里集聚以及如何促进大中小城市之间的协调发展等现实问题。通过构建涵盖政府—企业—劳动力—地区层面的多维分析框架，本书所要论证的核心观点是，经济活动向特定少数地区（市场潜能大的地方，即大市场）的集聚有利于发挥国家整体的空间效率，同时如果伴随着劳动力跨地区的自由流动，那么将最终实现在集聚中走向平衡。

为了论证这一核心观点，第 2 章从政府的视角切入，将区域政策归纳为"空间中性"与"空间干预"两种范式，并重点分析了以鼓励经济活动集聚发展与劳动力自由流动为核心的"空间中性"政策可以兼顾效率与平衡。第 3 章则从企业创业活动的区位选址入手，利用 2004 年、2008 年全国经济普查数据以及 2010 年中国综合社会调查（CGSS）数据，构建企业进入率、新生企业数以及个人创业概率，以此作为创业活动的测度指标，重点回答了在哪里创业更有效率等问题。第 4 章则以流动人口的迁移决策为例,基于 2014 年流动人口动态监测数据,深入探讨了流动人口在哪里就业可以获得更高的收入,对当前社会上频现的"逃离北上广"声音以及控制城市人口规模的政策给予了回应。在论证了集聚在大市场更有利于创业和提高收入水平之后,第 5 章则转向了地区层面的经验研究,构建了中国 2 210 个县市 2000—2010 年的经济增长模型,重点考察了市场潜能、劳动力流动与经济增长的关系,揭示了地区经济增长差异的原因以及劳动力流动对促进区域经济收敛的重要作用,最后给出了兼顾空间效率与区域平衡的政策选择。第 6 章基于长三角城市群的案例研究,采用地理距离作为关键解释变量,估计了不同等级城市对小城市 2000—2010 年经济增长的影响,论证了不同等级城市之间的协调发展模式与类型。具体而言,包含如下研究结论:

7.1.1　集中在大市场创业更有效率

企业创业活动区位选址的经验研究表明,地区市场潜能的大小是创业活动空间差异的重要原因,越接近大市场的地方孕育了更多的创业活动。无论是采用企业进入率、新生企业数还是个人创业概率来测度创业活动,地区市场潜能显著提升创业活动的结论均是稳健的。分位数估计显示,这一促进作用对于创业活动刚刚起步的县市更加显著。进一步来看,分圈层市场潜能的估计发现,市场潜能对创业活动的影响具有显著的地理衰减效应。相比较远距离而言,源自近距离的市场需求关联对本地创业活动的促进作用更加显著,同时超过一定地理范围的市场潜能将不利于本地的创业活动。此外,企业异质性的分析表明,地区市场潜能对新生的制造业企业与大企业的进入作用更大,这间接印证了地理衰减效应。对市场潜能、政府干预与创业活动相互关系的检验发现,政府干预本身不利于创业活动,同时抑制了市场潜能对创业活动的促进作用。上述发现的政策含义在于,创业活动的空间非均匀分布具有客观规律性,当前应该警惕遍地开花式创业活动的潜在风险,即"大众创业"意味着"有重点的、集中式"创业。选择在大市场(市场潜能较大的地方)创业可以更好地发挥大国的空间效率。对于创业活动处于较低水平的中西部地区而言,区域性核心城市更应该成为创业活动的集聚地。此外,取消政府的不合理干预对于发挥创业活动的集聚经济效应至关重要。

7.1.2　在大市场就业依旧存在收入优势

基于流动人口动态监测数据的经验研究表明,在控制了流动人口个人特征、迁移成本、城市规模和密度、生活成本、城市层级等影响因素之后,地区市场潜能对流动人口的个人收入具有显著的促进作用。平均而言,市场潜能每扩大 1%，流动人口的月收入将大约增加 0.09%。即便改变市场潜能的测度形式以及使用工具变量估计的方法，大市场显著提升流动人口收入的结论依旧是稳健的。但相对而言，流动人口获得的经济集聚收益远低于本地户籍人口。对流动人口技能水平以及在迁入地居住时长的异质性分析发现，低技能流动人口同样可以从经济集聚中获益，且居住时间越长的流动人口从大市场中获得的收入优势越大。这表明，当前中国大市场的收入优势依旧存在，政府应该尊重流动人口前往大城市集聚发展的经济规律。其中，改变高技能偏向的户籍政策以及想方设法让流动人口实现安居乐业成为关键。

7.1.3 在集聚中走向平衡

地区层面的市场潜能、劳动力流动与经济增长之间的关系表明，市场潜能是中国县市间经济增长差异的重要原因，平均而言，市场潜能每提高 1%，2000—2010 年经济增长提高约 0.26%，这正是发挥大国空间效率的结果。此外，劳动力流动产生的"一正一负"效应，既起到了促进本地经济增长的目的，又缩小了地区之间由于市场潜能差异而导致的地区经济增长差距，且这一效应对于省内迁移与人口的流入地更加显著。这一发现的政策启示是，劳动力流动既有利于发挥大国的空间效率又可以确保地区间人均收入水平的趋同。因此，实现空间效率与区域平衡双赢的关键在于，进一步扫清阻碍劳动力自由流动的制度障碍。当前亟须在消除人口跨省流动、流向大城市的制度障碍等方面取得突破。

7.1.4 大城市有利于小城市的经济增长

基于长三角城市群的案例，通过估计距离不同等级城市的远近对小城市 2000—2010 年经济增长的影响，并对空间依赖性、增量距离、城市层级、市场潜能等进行稳健性检验发现，在长三角城市群地区，邻近大城市有助于促进小城市的经济增长。就空间相互作用的方向而言，长三角城市群更多体现为高等级城市对低等级城市的影响，并未发现同层级小城市之间显著的空间关联效应。此外，长三角城市之间存在行政区经济导致的市场分割。行政边界的存在阻碍了一般地级市对不具备行政管辖的小城市空间溢出效应的发挥。因此，为了实现大中小城市之间的协调发展，应该继续深化推进以城市群为主体形态的城镇化空间格局，通过增强中心城市的辐射功能，发挥对小城市的经济带动作用。鉴于当前空间相互作用仍处于单向溢出阶段，因此协同发展的关键在于，实现同层级以及不同层级城市之间空间溢出效应的全域性释放。

7.2 政策启示

7.2.1 实施"以人为主、以地为辅"的区域政策组合

实施"以人为主、以地为辅"的区域政策组合有利于实现空间效率与区域平衡的双赢。所谓"以人为主"指的是，区域政策应以同时促进经济活动的集聚发展以及劳动力的自由流动为根本目标。本书第3—4章通过探讨两大微观经济主体（企业和劳动力）的最优化选择，证明了集聚在大市场更有效率。第5章以一系列稳健性检验证实了劳动力流动既起到了促进本地经济增长的目的，也可以缩小地区之间由于市场潜能差异而导致的地区经济增长差距，即有利于实现在集聚中走向平衡。事实上，强调生产要素的集聚发展也正是"发挥市场在资源配置中的决定性作用"的应有之义。当然，这并不意味着完全排斥基于地方的空间干预政策。事实上，合理的空间干预将成为"以人为主"政策的有益补充。例如，提升欠发达地区的人力资本、支持欠发达地区发展具有比较优势的产业等。本书认为，实施"以地为辅"干预政策的关键在于，明确干预的具体方式［是什么（what）］、作用机理［为什么（why）］、实施区域［在哪里（where）］、受益主体［是谁（who）］等问题。

7.2.2 放弃经济总量意义的区域平衡目标

政府不应将追求地区间经济活动总量意义上的平衡（均匀分布）作为区域政策的主要目标。本书研究表明，由于集聚力量的存在，经济活动的空间非均匀分布是客观存在的，这也正是城市发展的基本规律。例如，呈现沿海到内陆圈层递减格局的市场潜能在很大程度上决定了创业活动、收入水平以及经济增长速度的地区差距。人为平衡地区之间的经济活动，诸如将高效率企业搬迁至不具备比较优势的地区，将导致资源配置的扭曲，这不仅不利于发挥大国整体的空间效率，而且会对区域经济的可持续发展构成威胁。既然要素向大城市和区域核心城市集聚发展的趋势势不可挡，那么政府应该做的是，通过顺应并利用这一经济聚集规律来实现空间效率的最大化，同时，将人均意义的区域平衡作为区域政策的主要目标。

7.2.3 特大城市需要包容的人口政策

严格控制特大城市人口规模的做法值得商榷。本书基于流动人口的经验证据表明，即便考虑生活成本等因素，当前中国大城市的收入优势依旧存在。也就是说，大城市的集聚经济效应仍存在利用的空间。政府不应过度强调与夸大特大城市人口集聚所带来的负面效应，主观认为通过控制

人口规模达到缓解城市病的做法值得商榷。流动人口从经济集聚中获得的收入优势远远小于本地户籍人口,这提示我们,特大城市亟须转变高技能偏向的户籍政策。想方设法让更多的流动人口参与城市发展中,并帮助其实现安居乐业,这才是既符合城市发展规律又可体现大国人文关怀的措施。至于特大城市的城市病问题,则可以通过提高规划和管理的科学性与精细化(陆铭,2016)、培育多中心的城市空间结构(孙斌栋等,2016)等路径逐步解决。

7.2.4 强化都市圈和城市群的抓手功能

强化都市圈和城市群作为实施区域政策的有力抓手。在全书的经济集聚分析中,本书强调了表征空间关联效应的市场潜能的重要性。原因在于,随着信息和通信技术的快速发展,以及流动空间的兴起,城市的经济边界已经突破了自身的行政边界。城市经济发展除了取决于自身的要素投入之外,是否能够获得来自周边地区的正向空间溢出效应显得格外关键。鉴于空间相互作用已经成为区域经济发展的重要力量,都市圈和城市群理应成为推进区域政策的实施主体。通过试点将"创新、协调、绿色、开放、共享"新发展理念纳入官员绩效考核体制、积极稳妥地推进行政区划改革、统筹实施区域整体的经济发展规划等创新性举措,进一步发挥都市圈和城市群"1+1>2"的合作共赢效应。当然,市场潜能对创业活动的地理衰减效应也提示我们,城市群是有一定地理边界的,行政主导的"拉郎配"不利于城市群的可持续发展。

7.3 研究展望

7.3.1 强化经济集聚的多维绩效研究

囿于数据的可得性,本书研究的集聚效应更多体现为经济绩效,如地区市场潜能对企业创业、流动人口收入水平以及经济增长的影响。最终所得结论——劳动力流动有利于实现人均国内生产总值(GDP)收敛意义的区域平衡,也是以经济效率为切入点。因此,探讨经济集聚的交通、环境、社会等维度的绩效成为进一步深化的方向。例如,经济集聚是否有利于降低交通拥堵与环境污染,提高主观幸福感与生活满意度,并最终实现生活质量意义的区域平衡?特别是,随着一系列微观调查数据的开展以及政府统计数据指标的细化,研究经济集聚的多维绩效成为可能。

需要说明的是,一些研究表明,即便考虑经济集聚所带来的潜在成本,本书所得结论并不会发生显著改变。以政府担心的人口过度集聚所产生的城市病问题为例,陆铭等(2014a)研究发现这一担心可能并不存在。相反,省域尺度城市之间的人口规模差距越大即经济集聚程度越高,越有利于减少单位国内生产总值(GDP)的工业污染排放强度。与之相类似,孙斌栋等(Sun et al.,2016)研究得出,在控制了城市人口规模之后,人口密度越高,城市的通勤时间越短。美国的证据也可部分佐证这一观点,马修(Matthew,2010)在《城市集聚成本变化趋势的新证据》一文中指出,美国大都市区人口规模对居民单程通勤时间的弹性系数相对较小且保持稳定,1980年弹性系数仅为0.13,而1990年、2000年并不存在显著性变化,详见表7-1。原因在于,大城市的郊区化趋势以及小汽车的使用提高了居民的通勤速度。此外,就不同规模城市的公共成本而言,王伟同等(2016)研究发现,在考虑城市公共支出的规模效应之后,人口向小城市集聚会耗费更多的公共成本。因此,拓展经济集聚的多维绩效,特别是有关集聚成本的分析,将会成为未来研究的重点。

表7-1 美国大都市区人口规模对居民单程通勤时间的弹性系数

类别	所有样本		私家车	
	估计系数	标准误	估计系数	标准误
log(大都市区人口)	0.137 9	0.027 1	0.090 6	0.008 7
log(大都市区人口)×1990年虚拟	−0.001 8	0.005 9	0.007 1	0.005 1
log(大都市区人口)×2000年虚拟	−0.005 2	0.006 4	0.012 0	0.004 8
年龄	0.001 8	0.000 1	0.001 8	0.000 1
男性	0.123 9	0.009 2	0.150 3	0.008 0
邓肯(Duncan)的社会经济地位指数	0.001 4	0.000 2	0.001 3	0.000 1
年份虚拟变量	控制	控制	控制	控制
常数项	0.808 1	0.334 8	1.295 0	0.136 3
观察值	1 400 363		1 197 907	
拟合优度(R^2)	0.038		0.032	

注:马修(Matthew)利用美国1980年、1990年、2000年人口普查1%的数据,基于混合横截面回归估计方法,得到大都市区人口规模对居民单程通勤时间的估计系数。

7.3.2 系统评估基于地方的空间干预政策

本书在第2章文献综述中将区域政策归纳为"空间中性"与"空间干预"两种类型,同时基于理论阐述以及以往的经验研究指出,单纯依赖基于地方的空间干预政策无法兼顾效率与平衡。之后,分别从企业—流动人口—地区层面为例,论证了以促进经济活动集聚发展与劳动力自由流动为核心的空间中性政策的合理性。整体而言,相对缺乏系统评估基于地方空间干预政策的经验证据,这也正是未来值得探究的方向。如果空间干预政策存在零和游戏的假设得以验证,那么将进一步增强本书研究结论的可靠性,即一方面,空间中性政策有利于实现在集聚中走向平衡;另一方面,偏向型的区域政策则是以损害国家整体层面的空间效率为代价,最终导致效率与公平皆失。

鉴于现实中空间干预政策的流行性、经济学中因果识别策略的不断完善以及空间分析方法在经济学中的普遍应用[如百度地图地理编码应用程序接口(Geocoding API)],一些研究开始以经济开发区/产业园区政策为例评估中国空间干预政策的有效性(Zhang,2011;Wang,2013;向宽虎,2014;陈钊等,2015;李力行等,2015;刘瑞明等,2015;Lu et al.,2015,2016;Alder et al.,2016;Koster et al.,2016;Zheng et al.,2016;刘艳君,2016)。其中,关于空间干预政策的具体方式、作用机制、实施区域、受益主体等问题尚待进一步探究。

7.3.3 解决模型估计的动态化与自选择问题

受限于连续时间序列的数据可得性(特别是微观数据),本书所得结论主要基于截面数据的计量估计,对于时间趋势效应的考虑相对不足。而从世界各国的发展历程来看,区域平衡目标的实现将是一个长期的过程。因此,对比分析空间效率与区域平衡两者关系的短期、中期、长期表现形式成为必要,这就需要在进一步研究中构造包含时间效应的面板数据模型。

此外,本书在估计市场潜能对企业创业区位选址、流动人口迁移决策的效应时,虽然微观调查数据的使用控制了个体层面可观测的特征,相对避免了样本自选择导致的估计偏误。然而,不可否认的是,依旧存在一些不可观测的因素导致的自选择问题。例如,如果存在效率更高的企业倾向于选择在大市场布局的可能性,那么此时地区市场潜能对创业活动的解释力将被削弱。因此,模型估计的自选择问题也是未来研究需要重点解决的。事实上,随着微观经济主体同质化假定的逐渐放松,辨析集聚区生产率溢价源于集聚(agglomeration)效应、选择(selection)效应还是分类(sorting)效应已成为当前集聚经济研究的前沿,这方面的尝试可见库姆斯等(Combes et al.,2012)、贝伦斯等(Behrens et al.,2014a,2015)、埃克豪特等(Eeckhout et al.,2014)等相关文献。与之相类似,国内一些研究也开始逐渐探讨中国大城市与集聚区生产率优势的来源,具体可见余壮雄等(2014)、李晓萍等(2015)、刘海洋等(2015)、陈强远等(2016)、王永进等(2016)代表性文献。

参考文献

·中文文献·

毕秀晶,宁越敏,2013. 长三角大都市区空间溢出与城市群集聚扩散的空间计量分析[J]. 经济地理,33(1):46-53.

陈刚,2015. 管制与创业:来自中国的微观证据[J]. 管理世界(5):89-99.

陈建军,崔春梅,陈菁菁,2011. 集聚经济、空间连续性与企业区位选择:基于中国265个设区城市数据的实证研究[J]. 管理世界(6):63-75.

陈良文,杨开忠,沈体雁,等,2008. 经济集聚密度与劳动生产率差异:基于北京市微观数据的实证研究[J]. 经济学(季刊),8(1):99-114.

陈强,2014. 高级计量经济学及Stata应用[M]. 2版. 北京:高等教育出版社.

陈强远,钱学锋,李敬子,2016. 中国大城市的企业生产率溢价之谜[J]. 经济研究,51(3):110-122.

陈玉,孙斌栋,2017. 京津冀存在"集聚阴影"吗:大城市的区域经济影响[J]. 地理研究,36(10):1936-1946.

陈钊,陆铭,2009. 在集聚中走向平衡:中国城乡与区域经济协调发展的实证研究[M]. 北京:北京大学出版社.

陈钊,陆铭,2014. 首位城市该多大:国家规模、全球化和城市化的影响[J]. 学术月刊,46(5):5-16.

陈钊,熊瑞祥,2015. 比较优势与产业政策效果:来自出口加工区准实验的证据[J]. 管理世界(8):67-80.

程名望,贾晓佳,仇焕广,2019. 中国经济增长(1978—2015):灵感还是汗水[J]. 经济研究,54(7):30-46.

丁嵩,孙斌栋,2015. 区域政策重塑了经济地理吗:空间中性与空间干预的视角[J]. 经济社会体制比较(6):56-67.

范红忠,2010. 中国的城市化与区域协调发展:基于生产和人口空间分布的视角[M]. 北京:中国社会科学出版社.

范剑勇,2006. 产业集聚与地区间劳动生产率差异[J]. 经济研究,41(11):72-81.

范剑勇,2013. 产业集聚与区域经济协调发展[M]. 北京:人民出版社.

范剑勇,高人元,张雁,2010. 空间效率与区域协调发展战略选择[J]. 世界经济,33(2):104-119.

范剑勇,莫家伟,张吉鹏,2015. 居住模式与中国城镇化:基于土地供给视角的经验研究[J]. 中国社会科学(4):44-63.

范剑勇,邵挺,2011. 房价水平、差异化产品区位分布与城市体系[J]. 经济研究,46(2):87-99.

范剑勇,张雁,2009. 经济地理与地区间工资差异[J]. 经济研究,44(8):73-84.

高虹,2014a. 城市人口规模与劳动力收入[J]. 世界经济,37(10):145-164.

高虹,2014b. 经济集聚的城市劳动力市场效应:收入和就业的视角[D]. 上海:复旦大学.

郭琪,贺灿飞,史进,2014. 空间集聚、市场结构对城市创业精神的影响研究:基于2001—2007年中国制造业的数据[J]. 中国软科学(5):107-117.

郭腾云,董冠鹏,孙威,2011. 规模报酬递增与京津冀都市区经济增长[J]. 地理研究,30(10):1873-1881.

韩峰,柯善咨,2012. 追踪我国制造业集聚的空间来源:基于马歇尔外部性与新经济地理的综合视角[J]. 管理世界(10):55-70.

贺灿飞,黄志基,等,2014. 中国城市发展透视与评价:基于经济地理视角[M]. 北京:科学出版社.

柯善咨,2010. 中国中西部发展中城市的增长极作用[J]. 地理研究,29(3):521-534.

柯善咨,赵曜,2014. 产业结构、城市规模与中国城市生产率[J]. 经济研究,49(4):76-88,115.

李宏彬,李杏,姚先国,等,2009. 企业家的创业与创新精神对中国经济增长的影响[J]. 经济研究,44(10):99-108.

李敬,陈澍,万广华,等,2014. 中国区域经济增长的空间关联及其解释:基于网络分析方法[J]. 经济研究,49(11):4-16.

李力行,申广军,2015. 经济开发区、地区比较优势与产业结构调整[J]. 经济学(季刊),14(3):885-910.

李秦,孟岭生,2014. 方言、普通话与中国劳动力区域流动[J]. 经济学报,1(4):68-84.

李铁,徐勤贤,2017. 人口向大城市集中并非普遍规律[J]. 经济研究信息(2):31-35.

李小建,樊新生,2006. 欠发达地区经济空间结构及其经济溢出效应的实证研究:以河南省为例[J]. 地理科学,26(1):1-6.

李晓萍,李平,吕大国,等,2015. 经济集聚、选择效应与企业生产率[J]. 管理世界(4):25-37,51.

梁婧,张庆华,龚六堂,2015. 城市规模与劳动生产率:中国城市规模是否过小:基于中国城市数据的研究[J]. 经济学(季刊),14(3):1053-1072.

梁琦,陈强远,王如玉,2013. 户籍改革、劳动力流动与城市层级体系优化[J]. 中国社会科学(12):36-59.

梁文泉,陆铭,2015. 城市人力资本的分化:探索不同技能劳动者的互补和空间集聚[J]. 经济社会体制比较(3):185-197.

刘冲,乔坤元,周黎安,2014. 行政分权与财政分权的不同效应:来自中国县域的经验证据[J]. 世界经济,37(10):123-144.

刘海洋,刘玉海,袁鹏,2015. 集群地区生产率优势的来源识别:集聚效应抑或选择效应[J]. 经济学(季刊),14(3):1073-1092.

刘瑞明,赵仁杰,2015. 国家高新区推动了地区经济发展吗:基于双重差分方法的验证[J]. 管理世界(8):30-38.

刘生龙,王亚华,胡鞍钢,2009. 西部大开发成效与中国区域经济收敛[J]. 经济研究,44(9):94-105.

刘修岩,2009. 市场潜能、经济集聚与地区差距:来自中国地级数据的证据[M]. 南京:南京大学出版社.

刘修岩,2014. 空间效率与区域平衡:对中国省级层面集聚效应的检验[J]. 世界经济,37(1):55-80.

刘修岩,贺小海,殷醒民,2007. 市场潜能与地区工资差距:基于中国地级面板数据的实证研究[J]. 管理世界(9):48-55.

刘修岩,张学良,2010. 集聚经济与企业区位选择:基于中国地级区域企业数据的实证研究[J]. 财经研究,36(11):83-92.

刘艳君,2016. 区域政策、企业行为与经济发展[D]. 杭州:浙江大学.

刘毓芸,徐现祥,肖泽凯,2015. 劳动力跨方言流动的倒 U 型模式[J]. 经济研究,50(10):134-146.

陆铭,2011. 建设用地使用权跨区域再配置:中国经济增长的新动力[J]. 世界经济,34(1):107-125.

陆铭,2013. 空间的力量:地理、政治与城市发展[M]. 上海:格致出版社.

陆铭,2016. 大国大城:当代中国的统一、发展与平衡[M]. 上海:上海人民出版社.

陆铭,冯皓,2014a. 集聚与减排:城市规模差距影响工业污染强度的经验研究[J]. 世界经济,37(7):86-114.

陆铭,倪鹏途,2015a. 缺企业家的城市:中国的教育没有推动创业的经验证据[Z]. 上海:上海交通大学.

陆铭,欧海军,陈斌开,2014b. 理性还是泡沫:对城市化、移民和房价的经验研究[J]. 世界经济,37(1):30-54.

陆铭,向宽虎,2014c. 破解效率与平衡的冲突:论中国的区域发展战略[J]. 经济社会体制比较(4):1-16.

陆铭,向宽虎,陈钊,2011. 中国的城市化和城市体系调整:基于文献的评论[J]. 世界经济,34(6):3-25.

陆铭,张航,梁文泉,2015b. 偏向中西部的土地供应如何推升了东部的工资[J]. 中国社会科学(5):59-83.

倪鹏途,陆铭,2016. 市场准入与"大众创业":基于微观数据的经验研究[J]. 世界经济,39(4):3-21.

宁光杰,2014. 中国大城市的工资高吗:来自农村外出劳动力的收入证据[J]. 经济学(季刊),13(3):1021-1046.

潘文卿,2012. 中国的区域关联与经济增长的空间溢出效应[J]. 经济研究,47(1):54-65.

潘文卿,2015. 中国区域经济发展:基于空间溢出效应的分析[J]. 世界经济,38(7):120-142.

阮荣平,郑风田,刘力,2014. 信仰的力量:宗教有利于创业吗[J]. 经济研究,49(3):171-184.

盛斌,毛其淋,2011. 贸易开放、国内市场一体化与中国省际经济增长:1985—2008年[J]. 世界经济,34(11):44-66.

世界银行,2009. 2009年世界发展报告:重塑世界经济地理[M]. 胡光宇,等译. 北京:清华大学出版社.

宋小宁,陈斌,梁琦,2015. 区位劣势和县域行政管理费增长[J]. 经济研究,50(3):32-46.

孙斌栋,魏旭红,等,2016. 中国城市区域的多中心空间结构与发展战略[M]. 北京:科学出版.

孙东琪,张京祥,胡毅,等,2013. 基于产业空间联系的"大都市阴影区"形成机制解析:长三角城市群与京津冀城市群的比较研究[J]. 地理科学,33(9):1043-1050.

覃成林,刘迎霞,李超,2012. 空间外溢与区域经济增长趋同:基于长江三角洲的案例分析[J]. 中国社会科学(5):76-94.

万广华,蔡昉,等,2012. 中国的城市化道路与发展战略:理论探讨和实证分析[M]. 北京:经济科学出版社.

王建国,李实,2015. 大城市的农民工工资水平高吗[J]. 管理世界(1):51-62.

王伟同,魏胜广,2016. 人口向小城市集聚更节约公共成本吗[J]. 财贸经济,37(6):146-160.

王小鲁,2010. 中国城市化路径与城市规模的经济学分析[J]. 经济研究,45(10):20-32.

王垚,年猛,2014. 政府"偏爱"与城市发展:文献综述及其引申[J]. 改革(8):141-147.

王永进,张国峰,2016. 开发区生产率优势的来源:集聚效应还是选择效应[J]. 经济研究,51(7):58-71.

魏后凯,2014. 中国城镇化进程中两极化倾向与规模格局重构[J]. 中国工业经济(3):18-30.

魏守华,周山人,千慧雄,2015. 中国城市规模偏差研究[J]. 中国工业经济(4):5-17.

吴建峰,2014. 经济改革、集聚经济和不均衡增长:中国产业空间分布的经济学观察,1980—2010[M]. 北京:北京大学出版社.

吴晓怡,邵军,2016. 经济集聚与制造业工资不平等:基于历史工具变量的研究[J]. 世界经济,39(4):120-144.

吴晓瑜,王敏,李力行,2014. 中国的高房价是否阻碍了创业[J]. 经济研究,49(9):121-134.

吴一平,王健,2015. 制度环境、政治网络与创业:来自转型国家的证据[J]. 经济研究,50(8):45-57.

吴意云,朱希伟,2015. 中国为何过早进入再分散:产业政策与经济地理[J]. 世界经济,38(2):140-166.

吴玉鸣,2007. 县域经济增长集聚与差异:空间计量经济实证分析[J]. 世界经济文汇(2):37-57.

向宽虎,2014. 地理与政策:开发区分布的内陆偏向如何影响了平衡和效率[D]. 上海:复旦大学.

向宽虎,陆铭,2015. 发展速度与质量的冲突:为什么开发区政策的区域分散倾向是不可持续的[J]. 财经研究,41(4):4-17.

肖金成,2009. 中国特色城镇化道路与农民工问题[J]. 发展研究(5):18-21.

谢小平,王贤彬,2012. 城市规模分布演进与经济增长[J]. 南方经济(6):58-73.

徐康宁,陈丰龙,刘修岩,2015. 中国经济增长的真实性:基于全球夜间灯光数据的检验[J]. 经济研究,50(9):17-29,57.

徐现祥,刘毓芸,肖泽凯,2015. 方言与经济增长[J]. 经济学报,2(2):1-32.

许政,陈钊,陆铭,2010. 中国城市体系的"中心—外围模式"[J]. 世界经济,33(7):144-160.

颜银根,2014. 转移支付、产业跨区转移与区域协调发展[J]. 财经研究,40(9):50-61.

颜银根,安虎森,2014. 中国分割的经济空间:基于区域间经济增长溢出的实证研究[J]. 当代经济科学,36(4):47-57.

杨仁发,2013. 产业集聚与地区工资差距:基于我国269个城市的实证研究[J]. 管理世界(8):41-52.

尹志超,宋全云,吴雨,等,2015. 金融知识、创业决策和创业动机[J]. 管理世界(1):87-98.

余壮雄,杨扬,2014. 大城市的生产率优势:集聚与选择[J]. 世界经济,37(10):31-51.

余壮雄,张明慧,2015. 中国城镇化进程中的城市序贯增长机制[J]. 中国工业经济(7):36-51.

张伟丽,覃成林,李小建,2011. 中国地市经济增长空间俱乐部趋同研究:兼与省份数据的比较[J]. 地理研究,30(8):1457-1470.

张学良,2009. 中国区域经济收敛的空间计量分析:基于长三角1993—2006年132个县市区的实证研究[J]. 财经研究,35(7):100-109.

赵奎,后青松,李巍,2021. 省会城市经济发展的溢出效应:基于工业企业数据的分析[J]. 经济研究,56(3):150-166.

赵伟,2013. 异质性:城市分层与中国城市化选择:三个视野的分析与综合[J]. 社会科学战线(9):34-43.

周浩,余壮雄,杨铮,2015. 可达性、集聚和新建企业选址:来自中国制造业的微观证据[J]. 经济学(季刊),14(4):1393-1416.

朱虹,徐琰超,尹恒,2012. 空吸抑或反哺:北京和上海的经济辐射模式比较[J]. 世界经济,35(3):111-124.

朱希伟,陶永亮,2011. 经济集聚与区域协调[J]. 世界经济文汇(3):1-25.

踪家峰,周亮,2015. 大城市支付了更高的工资吗[J]. 经济学(季刊),14(4):1467-1496.

·英文文献·

ABRAMOVSKY L, SIMPSON H, 2011. Geographic proximity and firm-university innovation linkages: evidence from Great Britain[J]. Journal of economic geography, 11(6): 949-977.

ACCETTURO A, DE BLASIO G, 2012. Policies for local development: an evaluation of Italy's "Patti Territoriali"[J]. Regional science and urban economics, 42(1/2): 15-26.

ÁCS Z J, ARMINGTON C, 2006. Entrepreneurship, geography, and American economic growth[M]. Cambridge: Cambridge University Press.

AGNEW J A, 1984. Devaluing place: "people prosperity versus place prosperity" and regional planning[J]. Environment and planning D: society and space, 2(1): 35-45.

ALBOUY D, LUE B, 2015. Driving to opportunity: local rents, wages, commuting, and sub-metropolitan quality of life[J]. Journal of urban economics, 89(5): 74-92.

ALDER S, SHAO L, ZILIBOTTI F, 2016. Economic reforms and industrial policy in a panel of Chinese cities[J]. Journal of economic growth, 21(4): 305-349.

AMITI M, CAMERON L, 2007. Economic geography and wages[J]. Review of economics and statistics, 89(1): 15-29.

ANSELIN L, FLORAX R J G M, REY S J 2004. Advances in spatial econometrics: methodology, tools and applications[M]. Berlin: Springer.

AU C-C, HENDERSON J V, 2006. Are Chinese cities too small[J]. The review of economic studies, 73(3): 549-576.

AUDRETSCH D B, KEILBACH M C, LEHMANN E E, 2006. Entrepreneurship and economic growth[M]. Oxford: Oxford University Press.

BARCA F, 2009. An agenda for a reformed cohesion policy: a place-based approach to meeting European Union challenges and expectations[R]. Brussels: European Commission.

BARCA F, MCCANN P, RODRÍGUEZ-POSE A, 2012. The case for regional development intervention: place-based versus place-neutral approaches [J]. Journal of regional science, 52(1): 134-152.

BARRO R J, 2000. Inequality and growth in a panel of countries[J]. Journal of economic growth, 5(1): 5-32.

BARTIK T J, 1993. Who benefits from local job growth: migrants or the original residents[J]. Regional studies, 27(4): 297-311.

BAUM-SNOW N, BRANDT L, HENDERSON V, et al, 2017. Roads, railroads, and decentralization of Chinese cities[J]. The review of economics and statistics, 99(3): 435-448.

BAYER P, KEOHANE N, TIMMINS C, 2009. Migration and hedonic valuation: the case of air quality[J]. Journal of environmental economics and management, 58(1): 1-14.

BECKER S O, EGGER P H, VON EHRLICH M, 2012. Too much of a good thing? On the growth effects of the EU's regional policy[J]. European economic review, 56(4): 648-668.

BEHRENS K, DURANTON G, ROBERT-NICOUD F, 2014a. Productive cities: sorting, selection, and agglomeration[J]. Journal of political economy, 122(3): 507-553.

BEHRENS K, ROBERT-NICOUD F, 2014b. Survival of the fittest in cities: urbanisation and inequality[J]. The economic journal, 124(581): 1371-1400.

BEHRENS K, ROBERT-NICOUD F, 2015. Agglomeration theory with heterogeneous agents[M]//DURANTON G, HENDERSON J V, STRANGE W. Handbook of regional and urban economics: volume 5A. Amsterdam: Elsevier-North Holland: 171-245.

BERNINI C, PELLEGRINI G, 2011. How are growth and productivity in private firms affected by public subsidy? Evidence from a regional policy [J]. Regional science and urban economics, 41(3): 253-265.

BETZ M R, PARTRIDGE M D, 2013. Country road take me home: migration patterns in Appalachian America and place-based policy[J]. International regional science review, 36(3): 267-295.

BLACK D, HENDERSON V, 2003. Urban evolution in the USA[J]. Journal of economic geography, 3(4): 343-372.

BLOOM H, RICCIO J, VERMA N, et al, 2005. Promoting work in public housing: the effectiveness of Jobs-Plus, final report[R]. New York: MDRC.

BOLTON R, 1992. "Place prosperity vs people prosperity" revisited: an old issue with a new angle[J]. Urban studies, 29(2): 185-203.

BOSKER M, BRAKMAN S, GARRETSEN H, et al, 2012. Relaxing Hukou: increased labor mobility and China's economic geography[J]. Journal of urban economics, 72(2/3): 252-266.

BOSKER M, GARRETSEN H, 2012. Economic geography and economic development in sub-saharan Africa[J]. The world bank economic review, 26(3): 443-485.

BOZKAYA A, KERR W, 2007. Labor regulations and European industrial specialization: evidence from private equity investments[R]. Boston: Harvard Business School.

BRAKMAN S, GARRETSEN H, SCHRAMM M, 2004. The spatial distribution of wages: estimating the Helpman-Hanson model for Germany[J]. Journal of regional science,44(3):437-466.

BRAKMAN S, GARRETSEN H, VAN MARREWIJK C, 2009a. Economic geography within and between European nations: the role of market potential and density across space and time[J]. Journal of regional science,49(4):777-800.

BRAKMAN S, GARRETSEN H, VAN MARREWIJK C, 2009b. The new introduction to geographical economics [M]. Cambridge: Cambridge University Press.

BRAKMAN S, VAN MARREWIJK C, 2013. Reflections on cluster policies [J]. Cambridge journal of regions, economy and society,6(2):217-231.

BRANSTETTER L, LIMA F, TAYLOR L J, et al, 2014. Do entry regulations deter entrepreneurship and job creation? Evidence from recent reforms in Portugal[J]. The economic journal,124(577):805-832.

BREINLICH H, 2006. The spatial income structure in the European Union: what role for economic geography[J]. Journal of economic geography, 6(5):593-617.

BREINLICH H, OTTAVIANO G I P, TEMPLE J R W, 2014. Regional growth and regional decline [M]//AGHION P, DURLAUF S N. Handbook of economic growth: volume 2A. Amsterdam: Elsevier-North Holland:683-779.

BRÜLHART M, CARRÈRE C, TRIONFETTI F, 2012. How wages and employment adjust to trade liberalization: quasi-experimental evidence from Austria[J]. Journal of international economics,86(1):68-81.

BRÜLHART M, KOENIG P, 2006. New economic geography meets COMECON[J]. Economics of transition,14(2):245-267.

BRUN J F, COMBES J L, RENARD M F, 2002. Are there spillover effects between coastal and noncoastal regions in China[J]. China economic review,13(2/3):161-169.

BUSSO M, GREGORY J, KLINE P M, 2013. Assessing the incidence and efficiency of a prominent place based policy[J]. American economic review,103(2):897-947.

CHEN A P, PARTRIDGE M D, 2013. When are cities engines of growth in China? Spread and backwash effects across the urban hierarchy[J]. Regional studies,47(8):1313-1331.

CHEN Y, HENDERSON J V, CAI W, 2017. Political favoritism in China's capital markets and its effect on city sizes[J]. Journal of urban economics,98:69-87.

CHEN Y, WU Y R, 2012. Regional economic growth and spillover effects: an analysis of China's pan Pearl River Delta area[J]. China & world economy,20(2):80-97.

CHEN Z, LU M, XU L, 2014. Returns to dialect: identity exposure through language in the Chinese labor market[J]. China economic review, 30: 27-43.

CHINITZ B, 1961. Contrasts in agglomeration: New York and Pittsburgh [J]. American economic review, 51(2): 279-289.

CICCONE A, HALL R E, 1996. Productivity and the density of economic activity[J]. American Economic Review, 86(1): 54-70.

CLARK D E, HERRIN W E, KNAPP T A, et al, 2003. Migration and implicit amenity markets: does incomplete compensation matter[J]. Journal of economic geography, 3(3): 289-307.

COMBES P-P, DÉMURGER S, LI S, 2015a. Migration externalities in Chinese cities[J]. European economic review, 76: 152-167.

COMBES P-P, DURANTON G, GOBILLON L, 2008a. Spatial wages disparities: sorting matters[J]. Journal of urban economics, 63(2): 732-742.

COMBES P-P, DURANTON G, GOBILLON L, 2011. The identification of agglomeration economies [J]. Journal of economic geography, 11(2): 253-266.

COMBES P-P, DURANTON G, GOBILLON L, et al, 2010. Estimating agglomeration economies with history, geology, and worker effects[M]//GLAESER E L. Agglomeration economics. Chicago: University of Chicago Press: 15-65.

COMBES P-P, DURANTON G, GOBILLON L, et al, 2012. The productivity advantages of large cities: distinguishing agglomeration from firm selection [J]. Econometrica, 80(6): 2543-2594.

COMBES P-P, DURANTON G, OVERMAN H G, 2005a. Agglomeration and the adjustment of the spatial economy[J]. Papers in regional science, 84(3): 311-349.

COMBES P-P, GOBILLON L, 2015b. The empirics of agglomeration economies[M]//DURANTON G, HENDERSON J V, STRANGE W. Handbook of regional and urban economics: volume 5A. Amsterdam: Elsevier-North Holland: 247-348.

COMBES P-P, LAFOURCADE M, 2005b. Transport costs: measures, determinants, and regional policy implications for France[J]. Journal of economic geography, 5(3): 319-349.

COMBES P-P, MAYER T, THISSE J-F, 2008b. Economic geography: the integration of regions and nations[M]. Princeton: Princeton University Press.

CRANE R, MANVILLE M, 2008. People or place? Revisiting the who versus the where in community economic development[J]. Land lines, 20:

2-6.

DE LA ROCA J,PUGA D,2017. Learning by working in big cities[J]. The review of economic studies,84(1):106-142.

DE SOUSA J,PONCET S,2011. How are wages set in Beijing[J]. Regional science and urban economics,41(1):9-19.

DEVEREUX M P,GRIFFITH R,SIMPSON H,2007. Firm location decisions, regional grants and agglomeration externalities[J]. Journal of public economics,91(3/4):413-435.

DI ADDARIO S,VURI D,2010. Entrepreneurship and market size. The case of young college graduates in Italy[J]. Labour economics,17(5): 848-858.

DICKIE M,GERKING S,1989. Interregional wage differentials in the United States:a survey[M]//VAN DIJK J,FOLMER H,HERZOG H W,et al. Migration and labor market adjustment. Dordrecht:Springer:111-145.

DOEPKE M, ZILIBOTTI F, 2014. Culture, entrepreneurship, and growth [M]// AGHION P, DURLAUF S N. Handbook of economic growth: volume 2A. Amsterdam:Elsevier-North Holland:1-48.

DUMOND J M,HIRSCH B T,MACPHERSON D A,1999. Wage differentials across labor markets and workers:does cost of living matter[J]. Economic inquiry,37(4):577-598.

DURANTON G,2015. Growing through cities in developing countries[J]. The world bank research observer,30(1):39-73.

DURANTON G,PUGA D,2004. Micro-foundations of urban agglomeration economies[M]//HENDERSON J V,THISSE J F. Handbook of regional and urban economics: volume 4. Amsterdam: Elsevier-North Holland: 2063-2117.

DURANTON G, PUGA D, 2014. The growth of cities[M]//AGHION P, DURLAUF S N. Handbook of economic growth: volume 2A. Amsterdam:Elsevier-North Holland:781-853.

EECKHOUT J,PINHEIRO R,SCHMIDHEINY K,2014. Spatial sorting[J]. Journal of political economy,122(3):554-620.

ERIKSEN M D,ROSENTHAL S S,2010. Crowd out effects of place-based subsidized rental housing:new evidence from the LIHTC program[J]. Journal of public economics,94(11/12):953-966.

FAGGIO G,SILVA O,2014. Self-employment and entrepreneurship in urban and rural labour markets[J]. Journal of urban economics,84:67-85.

FALCK O,HEBLICH S,KIPAR S,2010. Industrial innovation:direct evidence from a cluster-oriented policy[J]. Regional science and urban economics, 40(6):574-582.

FALLY T,PAILLACAR R,TERRA C,2010. Economic geography and wages in Brazil: evidence from micro-data[J]. Journal of development economics,91(1):155-168.

FERNANDEZ J,2011. Why location matter:the terms of a debate[C]//OECD. OECD regional outlook 2011:building resilient regions for stronger economies. Paris:Organizations for Economic Growth and Development:167-174.

FINGLETON B,2006. The new economic geography versus urban economics:an evaluation using local wage rates in Great Britain[J]. Oxford economic papers,58(3):501-530.

FINGLETON B, 2011. The empirical performance of the NEG with reference to small areas[J]. Journal of economic geography, 11(2):267-279.

FINGLETON B,LONGHI S,2013. The effects of agglomeration on wages:evidence from the micro-level[J]. Journal of regional science,53(3):443-463.

FOTOPOULOS G,2014. On the spatial stickiness of UK new firm formation rates[J]. Journal of economic geography,14(3):651-679.

FREEDMAN M, 2012. Teaching new markets old tricks:the effects of subsidized investment on low-income neighborhoods[J]. Journal of public economics,96(11/12):1000-1014.

FRITSCH M,MUELLER P,2004. Effects of new business formation on regional development over time[J]. Regional studies,38(8):961-975.

FRITSCH M,STOREY D J,2014. Entrepreneurship in a regional context:historical roots, recent developments and future challenges[J]. Regional studies,48(6):939-954.

FRITSCH M,WYRWICH M,2017. The effect of entrepreneurship on economic development:an empirical analysis using regional entrepreneurship culture[J]. Journal of economic geography,7(1):157-189.

FUJITA M, KRUGMAN P, VENABLES A J, 1999. The spatial economy:cities,regions and international trade[M]. Cambridge:The MIT Press.

FUJITA M,MORI T,2005. Frontiers of the new economic geography[J]. Papers in regional science,84(3):377-405.

FUJITA M,MORI T,HENDERSON J V,et al,2004. Spatial distribution of economic activities in Japan and China[M]//HENDERSON J V,THISSE J F. Handbook of regional and urban economics:volume 4. Amsterdam:Elsevier-North Holland:2911-2977.

FUJITA M,THISSE J F,2013. Economics of agglomeration:cities,industrial location,and globalization[M]. 2nd ed. New York:Cambridge University Press.

GHANI E, KERR W R, O'CONNELL S, 2014. Spatial determinants of entrepreneurship in India[J]. Regional studies, 48(6):1071-1089.

GILL I, 2010. Regional development policies: place-based or people-centred [EB/OL]. (2010-10-09)[2023-01-20]. https://cepr.org/voxeu/columns/regional-development-policies-place-based-or-people-centred.

GILL I, 2011. Improving regional development policies[C]//OECD. OECD regional outlook 2011: building resilient regions for stronger economies. Paris: Organizations for Economic Growth and Development: 175-184.

GLAESER E L, 2010. Agglomeration economics[M]. Chicago: University of Chicago Press.

GLAESER E L, GOTTLIEB J D, 2008. The economics of place-making policies[J]. Brookings papers on economic activity, 2008(1):155-239.

GLAESER E L, GOTTLIEB J D, 2009a. The wealth of cities: agglomeration economies and spatial equilibrium in the United States[J]. Journal of economic literature, 47(4):983-1028.

GLAESER E L, HENDERSON J V, 2017. Urban economics for the developing world: an introduction[J]. Journal of urban economics, 98:1-5.

GLAESER E L, KERR W R, 2009b. Local industrial conditions and entrepreneurship: how much of the spatial distribution can we explain[J]. Journal of economics & management strategy, 18(3):623-663.

GLAESER E L, KERR W R, PONZETTO G A M, 2010. Clusters of entrepreneurship[J]. Journal of urban economics, 67(1):150-168.

GLAESER E L, PEKKALA KERR S, KERR W R, 2015. Entrepreneurship and urban growth: an empirical assessment with historical mines[J]. Review of economics and statistics, 97(2):498-520.

GREENSTONE M, HORNBECK R, MORETTI E, 2010. Identifying agglomeration spillovers: evidence from winners and losers of large plant openings[J]. Journal of political economy, 118(3):536-598.

GREENWOOD M J, HUNT G L, RICKMAN D S, et al, 1991. Migration, regional equilibrium, and the estimation of compensating differentials[J]. American economic review, 81(5):1382-1390.

GROENEWOLD N, LEE G P, CHEN A P, 2007. Regional output spillovers in China: estimates from a VAR model[J]. Papers in regional science, 86(1):101-122.

GROENEWOLD N, LEE G P, CHEN A P, 2008. Inter-regional spillovers in China: the importance of common shocks and the definition of the regions[J]. China economic review, 19(1):32-52.

HAM J C, SWENSON C, İMROHOROĞLU A, et al, 2011. Government programs can improve local labor markets: evidence from State Enterprise Zones, Federal Empowerment Zones and Federal Enterprise Community

[J]. Journal of public economics,95(7/8):779-797.

HANSON A,2009. Local employment, poverty, and property value effects of geographically-targeted tax incentives: an instrumental variables approach[J]. Regional science and urban economics,39(6):721-731.

HANSON A,ROHLIN S,2013. Do spatially targeted redevelopment programs spillover[J]. Regional science and urban economics,43(1):86-100.

HANSON G H, 2005. Market potential, increasing returns and geographic concentration[J]. Journal of international economics,67(1):1-24.

HARRIS C D,1954. The market as a factor in the localization of industry in the United States[J]. Annals of the association of American geographers,44(4):315-348.

HARRIS DOBKINS L,IOANNIDES Y M,2001. Spatial interactions among U. S. cities:1900-1990[J]. Regional science and urban economics,31(6):701-731.

HEAD K,MAYER T,2004. The empirics of agglomeration and trade[M]// HENDERSON J V, THISSE J F. Handbook of regional and urban economics:volume 4. Amsterdam:Elsevier-North Holland:2609-2669.

HEAD K, MAYER T, 2006. Regional wage and employment responses to market potential in the EU[J]. Regional science and urban economics,36(5):573-594.

HEAD K, MAYER T, 2011. Gravity, market potential and economic development[J]. Journal of economic geography,11(2):281-294.

HELLERSTEIN J K, NEUMARK D, 2012. Employment in black urban labor markets[M]//Jefferson P N. The Oxford handbook of the economics of poverty. Oxford:Oxford University Press:164-202.

HELMERS C, OVERMAN H G, 2017. My precious! The location and diffusion of scientific research: evidence from the synchrotron diamond light source[J]. The economic journal,127(604):2006-2040.

HENDERSON J V,2007. Urbanization in China:policy issues and options[R]. [S. l.]: China Economic Research and Advisory Program.

HENDERSON J V, 2010. Cities and development[J]. Journal of regional science,50(1):515-540.

HENDERSON J V, STOREYGARD A, WEIL D N, 2012. Measuring economic growth from outer space[J]. American economic review,102(2):994-1028.

HERING L,PONCET S,2010a. Income per capita inequality in China:the role of economic geography and spatial interactions[J]. World economy,33(5):655-679.

HERING L,PONCET S,2010b. Market access and individual wages:evidence from China[J]. Review of economics and statistics,92(1):145-159.

HEWINGS G J D, 2014. Spatially blind trade and fiscal impact policies and their impact on regional economies[J]. The quarterly review of economics and finance,54(4):590-602.

HILDRETH P, BAILEY D, 2013. The economics behind the move to "localism" in England[J]. Cambridge journal of regions, economy and society,6(2):233-249.

HOLL A, 2012. Market potential and firm-level productivity in Spain[J]. Journal of economic geography,12(6):1191-1215.

HOLMES T J, LEE S, 2010. Cities as six-by-six-mile squares[M]// GLAESER E L. Agglomeration economics. Chicago: University of Chicago Press:105-132.

JOFRE-MONSENY J, MARÍN-LÓPEZ R, VILADECANS-MARSAL E, 2011. The mechanisms of agglomeration: evidence from the effect of inter-industry relations on the location of new firms[J]. Journal of urban economics,70(2/3):61-74.

JOHNSON T G, 2007. Place-based economic policy: innovation or fad[J]. Agricultural and resource economics review,36(1):1-8.

KAIN J, PERSKY J, 1969. Alternatives to the gilded ghetto[J]. Public interest,14:74-83.

KAMAL F, LOVELY M E, OUYANG P M, 2012. Does deeper integration enhance spatial advantages? Market access and wage growth in China[J]. International review of economics and finance,23:59-74.

KANTOR S, WHALLEY A, 2014. Knowledge spillovers from research universities: evidence from endowment value shocks[J]. Review of economics and statistics,96(1):171-188.

KATO L, 2004. Mobilizing resident networks in public housing implementing the community support for work component of Jobs-Plus [R]. New York: MDRC.

KISO T, 2005. Does new economic geography explain the spatial distribution of wages in Japan[R]. Tokyo:Mimeo University of Tokyo.

KLINE P, 2010. Place based policies, heterogeneity, and agglomeration[J]. American economic review,100(2):383-387.

KLINE P, MORETTI E, 2014a. Local economic development, agglomeration economics, and the big push:100 years of evidence from the Tennessee Valley Authority[J]. The quarterly journal of economics, 129 (1): 275-331.

KLINE P,MORETTI E,2014b. People, places and public policy: some simple welfare economics of local economic development programs[J]. Annual review of economics,6(1):629-662.

KOSTER H R A, CHENG F F, GERRITSE M, et al, 2016. Place-based policies, firm productivity and displacement effects: evidence from Shenzhen, China [Z]. Amsterdam: Tinbergen Institute.

LU M, WAN G H, 2014. Urbanization and urban systems in the People's republic of China: research findings and policy recommendations [J]. Journal of economic surveys, 28(4): 671-685.

LU M, XIANG K H, 2016. Geography versus policy: exploring how place matters in placed-based policies using a natural experiment in China [Z]. Tianjin: Nankai University.

LU Y, WANG J, ZHU L M, 2015. Do place-based policies work? Micro-level evidence from China's Economic Zone Program [Z]. Hangzhou: Social Science Research Network.

MANVILLE M, 2012. People, race and place: American support for person- and place-based urban policy, 1973-2008 [J]. Urban studies, 49(14): 3101-3119.

MARTIN R, 2001. EMU versus the regions? Regional convergence and divergence in Euroland [J]. Journal of economic geography, 1(1): 51-80.

MARTIN P, MAYER T, MAYNERIS F, 2011a. Public support to clusters: a firm level study of French "local productive systems" [J]. Regional science and urban economics, 41(2): 108-123.

MARTIN R, SUNLEY P, 2011b. The new economic geography and policy relevance [J]. Journal of economic geography, 11(2): 357-369.

MATTHEW E K, 2010. New evidence on trends in the cost of urban agglomeration [M]//GLAESER E L. Agglomeration economics. Chicago: University of Chicago Press: 339-354.

MCCANN P, ORTEGA-ARGILÉS R, 2013. Some practical elements associated with the design of an integrated and territorial place-based approach to EU cohesion policy [M]//CRESCENZI R, PERCOCO M. Geography, institutions and regional economic performance. Berlin: Springer: 95-118.

MCGRANAHAN D A, WOJAN T R, LAMBERT D M, 2011. The rural growth trifecta: outdoor amenities, creative class and entrepreneurial context [J]. Journal of economic geography, 11(3): 529-557.

MELO P C, GRAHAM D J, BRAGE-ARDAD R, 2013. The productivity of transport infrastructure investment: a meta-analysis of empirical evidence [J]. Regional science and urban economics, 43(5): 695-706.

MELO P C, GRAHAM D J, NOLAND R B, 2009. A meta-analysis of estimates of urban agglomeration economies [J]. Regional science and urban economics, 39(3): 332-342.

MINCER J, 1974. Schooling, experience and earnings [M]. New York:

Columbia University Press.

MINTZ J, SMART M, 2003. Brooking no favorites: a new approach to regional development in Atlantic Canada[R]. Toronto: C. D. Howe Institute Commentary.

MION G, 2004. Spatial externalities and empirical analysis: the case of Italy[J]. Journal of urban economics, 56(1): 97-118.

MODREGO F, MCCANN P, FOSTER W E, et al, 2014. Regional market potential and the number and size of firms: observations and evidence from Chile[J]. Spatial economic analysis, 9(3): 327-348.

NEUMARK D, KOLKO J, 2010. Do enterprise zones create jobs? Evidence from California's enterprise zone program [J]. Journal of urban economics, 68(1): 1-19.

NEUMARK D, SIMPSON H, 2015. Place-based policies[C]//DURANTON G, HENDERSON J V, STRANGE W. Handbook of regional and urban economics: volume 5A. Amsterdam: Elsevier-North Holland: 1197-1287.

OECD, 2009. Regions matter: economic recovery, innovation and sustainable growth[Z]. Paris: Organizations for Economic Growth and Development.

OECD, 2014. Perspectives on global development 2014: boosting productivity to meet the middle-income challenge[Z]. Paris: Organizations for Economic Growth and Development.

OLFERT M R, PARTRIDGE M, BERDEGUÉ J, et al, 2014. Places for place-based policy[J]. Development policy review, 32(1): 5-32.

OSWALD A J, WU S, 2011. Well-being across America[J]. Review of economics and statistics, 93(4): 1118-1134.

OTTAVIANO G I P, PINELLI D, 2006. Market potential and productivity: evidence from Finnish regions[J]. Regional science and urban economics, 36(5): 636-657.

PABLO CHAUVIN J, GLAESER E, MA Y R, et al, 2017. What is different about urbanization in rich and poor countries? Cities in Brazil, China, India and the United States[J]. Journal of urban economics, 98: 17-49.

PARTRIDGE M D, 2014. Place based or geographically targeted policies and their effectiveness[C]. Shanghai: Keynote Speech Presented to Third International Regional, Urban, and Spatial Economics Conference.

PARTRIDGE M D, RICKMAN D S, 2008. Place-based policy and rural poverty: insights from the urban spatial mismatch literature [J]. Cambridge journal of regions, economy and society, 1(1): 131-156.

PARTRIDGE M D, RICKMAN D S, ALI K, et al, 2009. Agglomeration spillovers and wage and housing cost gradients across the urban hierarchy[J]. Journal of international economics, 78(1): 126-140.

PARTRIDGE M D, RICKMAN D S, ROSE OLFERT M, et al, 2015. When spatial equilibrium fails: is place-based policy second best[J]. Regional studies, 49(8): 1303-1325.

PIKE A, RODRÍGUEZ-POSE A, TOMANEY J, 2006. Local and regional development[M]. London: Routledge.

QUATRARO F, VIVARELLI M, 2015. Drivers of entrepreneurship and post-entry performance of newborn firms in developing countries[J]. The world bank research observer, 30(2): 277-305.

REDDING S, VENABLES A J, 2004. Economic geography and international inequality[J]. Journal of international economics, 62(1): 53-82.

REYNOLDS C L, ROHLIN S, 2014. Do location-based tax incentives improve quality of life and quality of business environment[J]. Journal of regional science, 54(1): 1-32.

RICKMAN D S, 2011. Focus on fundamentals[Z]. Oklahoma: the Oklahoma Academy: 74-75.

ROBACK J, 1982. Wages, rents, and the quality of life[J]. Journal of political economy, 90(6): 1257-1278.

ROBACK J, 1988. Wages, rents, and amenities: differences among workers and regions[J]. Economic inquiry, 26(1): 23-41.

ROBERTS M, DEICHMANN U, FINGLETON B, et al, 2012. Evaluating China's road to prosperity: a new economic geography approach[J]. Regional science and urban economics, 42(4): 580-594.

RODRÍGUEZ-POSE A, 2010. Economic geographers and the limelight: institutions and policy in the world development report 2009[J]. Economic geography, 86(4): 361-370.

ROSEN S, 1979. Wage-based indexes of urban quality of life[M]// MIESZKOWSKI P, STRASZHEIM M. In current issues in urban economics: volume 2. Baltimore: Johns Hopkins University Press: 74-104.

ROSENTHAL S S, STRANGE W C, 2003. Geography, industrial organization, and agglomeration[J]. Review of economics and statistics, 85(2): 377-393.

ROSENTHAL S S, STRANGE W C, 2004. Evidence on the nature and sources of agglomeration economies[M]//HENDERSON J V, THISSE J F. Handbook of regional and urban economics: volume 4. Amsterdam: Elsevier-North Holland: 2119-2171.

ROSENTHAL S S, STRANGE W C, 2005. The geography of entrepreneurship in the New York metropolitan area[J]. Economic and policy review, 11: 29-53.

ROSENTHAL S S, STRANGE W C, 2010. Small establishments/big effects: agglomeration, industrial organization, and entrepreneurship[M]//

GLAESER E L. Agglomeration economics. Chicago: University of Chicago Press:277-302.

SATO Y, TABUCHI T, YAMAMOTO K, 2012. Market size and entrepreneurship[J]. Journal of economic geography,12(6):1139-1166.

SIMOES N, CRESPO N, MOREIRA S B, 2016. Individual determinants of self-employment entry: what do we really know[J]. Journal of economic surveys,30(4):783-806.

STAM E, 2010. Entrepreneurship, evolution and geography[M]//BOSCHMA R, MARTIN R. The handbook of evolutionary economic geography. Cheltenham:Edward Elgar:307-348.

STUETZER M, OBSCHONKA M, AUDRETSCH D B, et al, 2016. Industry structure, entrepreneurship, and culture: an empirical analysis using historical coalfields[J]. European economic review,86:52-72.

SUN B D, HE Z, ZHANG T L, et al, 2016. Urban spatial structure and commute duration: an empirical study of China[J]. International journal of sustainable transportation,10(7):638-644.

TUROK I, 2013. People-based versus place-based policies: the 2009 World Development Report[J]. Local economy: the journal of the local economy policy unit,28(1):3-8.

WANG J, 2013. The economic impact of special economic zones: evidence from Chinese municipalities[J]. Journal of development economics, 101(1):133-147.

WINTERS J V, 2009. Wages and prices: are workers fully compensated for cost of living differences[J]. Regional science and urban economics, 39(5):632-643.

World Bank, 2009. World Development Report 2009: reshaping economic geography[M]. Washington, DC:World Bank.

World Bank, 2014. Urban China: toward efficient, inclusive, and sustainable urbanization[R]. Washington, DC:World Bank.

YING L G, 2000. Measuring the spillover effects: some Chinese evidence[J]. Papers in regional science,79(1):75-89.

YING L G, 2003. Understanding China's recent growth experience: a spatial econometric perspective[J]. The annals of regional science, 37(4): 613-628.

ZHANG J F, 2011. Interjurisdictional competition for FDI: the case of China's "development zone fever"[J]. Regional science and urban economics, 41(2):145-159.

ZHENG S Q, SUN W Z, WU J F, et al, 2016. Urban agglomeration and local economic growth in China: the role of New Industrial Parks[Z]. Los Angeles: USC-INET Research Paper No. 16-06.

图片来源

图 1-1 源自:笔者根据国家统计局公开资料整理绘制.
图 1-2 源自:笔者根据"世界发展指标"(world development indicators)绘制.
图 1-3 源自:笔者根据"美国2050"空间规划网站资料绘制[底图源自标准地图服务系统网站,审图号为 GS(2021)5465 号].
图 1-4 源自:笔者根据美国经济分析局(U.S. Bureau of Economic Analysis,BEA)数据整理绘制.
图 1-5 源自:笔者绘制.

图 2-1 源自:笔者根据 MCCANN P,ORTEGA-ARGILÉS R,2013. Some practical elements associated with the design of an integrated and territorial place-based approach to EU cohesion policy[M]//CRESCENZI R,PERCOCO M. Geography, institutions and regional economic performance. Berlin:Springer:95-118 绘制.

图 3-1 源自:笔者绘制.

图 6-1 源自:笔者绘制.

表格来源

表1-1 源自:笔者根据相关规划文本整理绘制.

表1-2 源自:笔者根据贵州省经济和信息化委员会公布的《贵州省100个产业园区成长工程2015年推进计划》整理绘制.

表2-1 源自:世界银行,2009. 2009年世界发展报告:重塑世界经济地理[M]. 胡光宇,等译. 北京:清华大学出版社.

表2-2 源自:笔者根据GILL I,2011. Improving regional development policies [C]//OECD. OECD regional outlook 2011:building resilient regions for stronger economies. Paris:Organizations for Economic Growth and Development:175-184 整理绘制.

表2-3 源自:笔者据HILDRETH P,BAILEY D,2013. The economics behind the move to "localism" in England[J]. Cambridge journal of regions,economy and society,6(2):233-249 整理绘制.

表2-4 源自:笔者根据PARTRIDGE M D,RICKMAN D S,ROSE OLFERT M,et al,2015. When spatial equilibrium fails:is place-based policy second best[J]. Regional studies,49(8):1303-1325 整理绘制.

表2-5 源自:笔者根据NEUMARK D,SIMPSON H,2015. Place-based policies[C]//DURANTON G,HENDERSON J V,STRANGE W. Handbook of regional and urban economics:volume 5A. Amsterdam:Elsevier-North Holland:1197-1287 整理绘制.

表2-6 源自:笔者根据相关文献整理绘制.

表3-1至表3-12 源自:笔者绘制.

表4-1至表4-6 源自:笔者绘制.

表5-1至表5-5 源自:笔者绘制.

表6-1至表6-5 源自:笔者绘制.

表7-1 源自:笔者绘制.

本书作者

丁嵩,河南镇平人。华东师范大学经济学博士,主要研究方向为城市与区域经济学,在《地理研究》《地理科学》《经济社会体制比较》《人口与经济》《经济地理》《人文地理》《城市问题》等多个期刊发表学术论文10余篇,多篇论文被中国人民大学复印报刊资料《区域经济》全文转载。主持华东师范大学优秀博士学位论文培育资助项目,参与国家社会科学基金重大项目、国家自然科学基金面上项目等多个国家级、省部级项目。

孙斌栋,华东师范大学人文地理学与区域经济学教授,博士生导师。于同济大学获得学士、硕士学位,于柏林工业大学获得博士学位,主要从事城市地理、经济地理、城乡规划、行政区划及空间治理研究。目前担任华东师范大学城市与区域科学学院党委书记,民政部政策理论研究基地——中国行政区划研究中心主任,教育部重点研究基地——中国现代城市研究中心副主任,城市空间定量研究平台——未来城市实验室主任,崇明生态研究院生态文明高端智库主任。中国地理学会城市地理专业委员会副主任和长江分会副主任,中国区域科学协会区域可持续发展专业委员会主任,上海地理学会常务理事,上海宏观经济学会理事,上海市城市规划学会理事,国家发展和改革委员会长三角高质量发展规划咨询专家,国家社会科学基金重大项目"中国城市生产、生活、生态空间优化研究"首席科学家。荣获第八届高等学校科学研究优秀成果奖二等奖,上海市决策咨询研究成果奖一等奖两次,上海市哲学社会科学优秀成果奖二等奖五次,钱学森城市学金奖等多项荣誉。

魏旭红,吉林长春人。华东师范大学区域经济学硕士,上海投资咨询集团有限公司智库研究中心(上咨经济发展研究院)研究员。主要研究方向为城市空间战略、城市与区域规划。在地理学、城乡规划学核心期刊发表多篇论文,其中《上海都市区就业—人口空间结构演化特征》曾获2019年中国城市地理优秀论文奖。广泛参与多项国土空间规划与工程咨询项目,深度参与多项省部级决策咨询课题。多次荣获省市地方规划设计优秀成果奖、工程咨询优秀成果奖等。